Suchst du noch oder lebst du schon?

Suchst du noch oder lebst du schon?

Was Jesus Christus für unser Leben bedeutet

November 2022
Verlag:
Dr. Jochen Bohne
Börsenstraße 87a
42657 Solingen
bohne@fingerdruck.de

Druck: epubli – ein Service der neopubli GmbH, Berlin

Einleitung

Stellen Sie sich vor, ein Globus würde schnell in alle Richtungen gedreht und Sie würden ihn mit einer Fingerspitze anhalten. Wo könnte Ihr Finger landen? Nun ja, vermutlich irgendwo in einem Weltmeer, da die Wasserflächen ja den größten Teil des Planeten ausmachen. In diesem Fall starten Sie bitte noch einen Versuch, bis Sie irgendwo auf Land treffen. Wo wird das wohl sein? Ich behaupte, in fast allen Fällen treffen Sie auf eine Krisenregion: Auf schwere Hungersnöte, neue oder jahrelange Kriegsgebiete, wachsende Flüchtlingsströme, schwere Umweltschäden oder brutale Diktaturen. Und selbst bei den Treffern ins Meer landen Sie vermutlich zwischen Plastikmüll, vielleicht neben abgestorbenen Korallen oder in überfischten Gewässern.
Vielleicht sagen Sie: Zum Glück leben wir ja in Deutschland, da ist die Welt noch in Ordnung. Aber dabei schleichen sich immer mehr Zweifel ein. Auch wir sind nicht immun gegen Pandemien, Kriege mitten in Europa, Überflutungen, die Folgen der Globalisierung oder soziale Spannungen. Wenn eine außerirdische intelligente Spezies aus einem für uns unsichtbaren Raumschiff die Erde und die Menschheit beobachten würde, dann wäre ihre Diagnose eindeutig: Die Bewohner dieses Planeten sind unfähig, sie sind eine Fehlkonstruktion und in dieser Form nicht lebenswert. Entweder braucht es eine Vernichtung, die sie weitgehend ausrottet, oder einen Erlöser, der sie auf den richtigen Weg bringt.

Hätte Gott doch bloß bereits eine Fünf-Tage-Woche gehabt, als er die Welt erschuf, denn ohne Menschen wäre sie vermutlich lebensfähiger!

Das ist der Grund, warum ich dieses Buch über den christlichen Glauben geschrieben habe. Allerdings mag ich den Begriff *Glaube* nicht sonderlich. In diesem Wort schwingt für mich der Geruch von modrigen Kirchenräumen, Weihrauch und muffigen Büchern mit. Dieses Gefühl geht vielleicht auf meine Kindheit in Bayern zurück. Außerdem hat ein *Glaube* für mich erst einmal wenig Lebenspraxis: Unter *Glaube* versteht man ein Fürwahrhalten ohne methodische Begründung – so lehrt es uns Wikipedia. Also eine eher theoretische Angelegenheit, die irgendwo zwischen Vermutung und Hoffnung rangiert: Ich glaube, dass es heute nicht regnet. Ich glaube, dass wir den Zug noch erreichen. Ich glaube an ein höheres Wesen. Mit dieser Art zu glauben möchte ich mit diesem Buch aufräumen. Wenn es einen Gott gibt, dann möchte ich ihn auch erfahren können. Dann soll dieser Gott Einfluss auf mein Leben haben und uns Hilfestellungen zu den oben angesprochenen Globus-Problemen geben.

Solch einen Gott will ich suchen – und finden. Das ist der Grund, warum ich für dieses kleine Buch einen etwas provokanten Titel gewählt habe:

Suchst du noch oder lebst du schon?

Es geht um eine Spiritualität, die mein Leben erfüllt, erneuert und begeistert. Es geht um eine Suche, die zum Ziel kommt, und nicht um einen Glauben an ein höheres Wesen, das sich offensichtlich zu wenig um diese Erde kümmert. Allerdings gab es einmal jemand, der sich tatsächlich selbstlos um die Menschen gekümmert und konkrete Zeichen gesetzt hat, die bis heute einen großen Teil der Welt prägen: *Jesus*. Er steht im Mittelpunkt meiner folgenden Gedanken, es geht um ein Leben, das sich an ihm orientiert. Und wenn ich über einen *Glauben* schreibe, dann meine ich einen *gefundenen* Glauben, mit dem man etwas im Leben anfangen kann.

Dabei will ich Sie nicht mit langen theologischen Erörterungen belästigen. Zumal ich weder ein Theologe bin, noch ein besonders frommer Christ. Auch will ich nicht an die kirchlichen Traditionen anknüpfen, von A wie Abendmahl bis Z wie zehn Gebote. Also gehen wir hier einmal ganz anders an den christlichen Glauben heran und lassen die alten traditionellen Sichtweisen hinter uns. Wenn das Christentum eine Antwort auf unsere heutigen Lebensfragen geben kann, dann müssen wir *back to the roots*, zu den Wurzeln gehen und es dort anschauen, wo es entstanden ist: Bei dem Wanderprediger Jesus Christus, der von sich behauptet hat, er bilde mit Gott eine Einheit, und der vor 2000 Jahren die Welt auf den Kopf gestellt hat – mit seiner Botschaft der Liebe.

Und noch etwas, um einem Missverständnis vorzubeugen: Ich möchte Sie nicht überreden, christlicher zu werden oder öfter zur Kirche zu gehen. Ihr Glaube ist allein Ihre Entscheidung. Das will und muss ich respektieren. Aber herausfordern möchte ich Sie schon: Haben Sie den Mut sich erstmals - oder noch einmal neu - dem christlichen Glauben zu stellen? Dann legen Sie dieses kurze Buch bitte nicht sofort wieder zur Seite. Warum spreche ich von Mut? - Weil es nicht um Frömmigkeit geht, sondern um eine ganz neue Sicht auf das eigene Leben, die Welt und auf Gott. Es wird nicht ohne Folgen bleiben, wenn Sie sich darauf einlassen möchten. Aber es sind gute Folgen, das möchte ich Ihnen versichern.

Ich biete Ihnen diese Herausforderung anhand der folgenden sieben Fragen an. Dabei möchte ich in den ersten drei Kapiteln bewusst sehr kritisch mit den christlichen Kirchen umgehen, da laut Umfragen das Vertrauen in die Kirchen in den letzten Jahren gravierend abgenommen hat.

1. Woher komme ich?
- Meine bisherige Geschichte mit dem Glauben und Unglauben

2. Wohin gehen wir?
- Unsere Welt auf dem Weg in eine schwierige Zukunft

3. Warum soll ich glauben?
- Vom Wert des Glaubens an einen Gott

4. Wem soll ich glauben?
- Orientierung auf dem Markt der Glaubensangebote

5. Was soll ich glauben?
- Zentrale Inhalte des christlichen Glaubens

6. Wie soll ich leben?
- Kennzeichen eines praktizierten christlichen Glaubens

7. Wann soll ich anfangen?
- Der Start in einen neuen Lebensabschnitt

Mit diesen Fragen beginnen wir unseren Weg durch das Buch und ich freue mich, wenn Sie Ihren Glauben dabei neu finden oder entfalten können.

1. Woher komme ich?

In diesem Abschnitt möchte ich Sie mit Ihrer bisherigen Glaubens- oder Unglaubensgeschichte abholen. Damit meine ich die Gründe, die Sie zur Religiosität geführt haben – aber auch Gründe, die Sie zu einem Skeptiker oder Atheisten haben werden lassen.

Zum einen gibt es Menschen, die dem Glauben an Gott sehr offen und interessiert gegenüberstehen und vielleicht schon einige positive Erfahrungen damit hatten. Oft sind es ja Erlebnisse aus der Jugend oder der Kindheit, die uns dabei geprägt haben. Ich freue mich, wenn Sie gute Erinnerungen an diese Zeit haben, was den Glauben angeht. Aber auch wenn Sie sich noch keine richtige Meinung dazu bilden konnten, möchte Ihnen dieses Buch helfen ins Christsein tiefer einzusteigen.

Nicht selten blicken Menschen jedoch auf negative Erfahrungen mit dem Christentum zurück, die zum Beispiel mit der moralischen Rolle oder der Unflexibilität der Kirchen zu tun haben, die leider auch heute noch oft vorkommt. Im Folgenden gehe ich besonders auf die Skepsis gegenüber dem Christentum ein, denn ich will diese Kritik nicht unbeantwortet lassen, bevor wir im hinteren Teil des Buches über Inhalte und Gründe für den christlichen Glauben nachdenken.

Ich zum Beispiel bin auf eine katholische Grundschule gegangen, mit Nonnen als Lehrerinnen, strengen Ritualen und mit dem Bild eines Ermordeten, der mich im Klassenzimmer mit gesenktem Kopf, einer Dornenkrone und Löchern im Körper vom Kruzifix aus zu beobachten schien. Andere Leute erinnern sich vielleicht an den kirchlichen Unterricht, bei dem man Lieder auswendig lernen musste, um einige Monate später Geschenke zu erhalten – aber bei dem man sonst nicht gerade viel von der Kirche mitnehmen konnte. Ich kenne leider auch nicht wenige Menschen, die schlimme Verletzungen oder Enttäuschungen als Mitglied einer Kirche erfahren haben und daher den Stab über dem Glauben gebrochen haben. Oft höre ich diese Erfahrungen mit Bezug zu sehr engen, streng konservativen Glaubensgemeinschaften.

Andere Bekannte von mir haben bisher kaum Erfahrungen mit der Kirche gemacht. Das sind häufig Menschen, die sich auf eine wissenschaftliche Sicht zurückziehen. Sie sagen: Ich glaube nicht an diese märchenhaften Geschichten, nur an das, was ich mit eigenen Augen sehen kann. Aber können wir Menschen wirklich alles sehen und alles erklären? Auch wird die Kirche oft mit alten überholten Moralvorstellungen verbunden, die heute von vielen Leuten einfach nicht mehr ernst genommen werden.

Hinzu kommt, dass es bei jedem Menschen auch unabhängig von Erfahrungen mit der Kirche sensible Themen gibt, die zu Missverständnissen führen können: Wenn zum Beispiel jemand eine schlimme Vergangenheit mit dem eigenen Vater gehabt hat, löst ein Gebet wie das *Vaterunser* eher eine Abwehrreaktion statt Vertrauen aus. Hier wäre ein weibliches oder zumindest geschlechtsneutrales Bild von Gott wesentlich hilfreicher. Was *sie* dort oben wohl dazu sagen würde? Damit meine ich unsere christliche Gottheit und bin bewusst einmal zur weiblichen Form übergegangen. Aber auch diese weibliche Sicht kann für traditionell geprägte Menschen sehr irritierend sein. Warum muss das auch so kompliziert sein mit den Bildern und Erfahrungen, die jeder Mensch individuell im Kopf hat!

Es gibt zudem noch viele weitere Hürden, die wir aus unserer eigenen Geschichte mitbringen und die uns hindern können, Zugänge zum Glauben zu finden. Zum Beispiel erzählte mir jemand, dass er als Kind immer für alles mögliche verantwortlich gemacht und bestraft wurde. Daher wird er ärgerlich, wenn in der Kirche von Sünde oder Schuld die Rede ist und will davon nichts mehr hören. Oder Menschen, die sofort allergisch reagieren, wenn sie in einer Predigt hören, dass sie einfacher oder sozialer leben sollen – zumal sie früher selbst viele Entbehrungen erlebt haben. Mancher vermutet womöglich auch nur, dass er nicht zur Kirche passt, weil er irgendeine Besonderheit hat, die für die fromme Welt im negativen Sinne auffällig sein könnte. Sie oder er passt nicht in das vermeintliche Schema der Gläubigen, weil zum Beispiel ein anrüchiger Beruf, die eigene sexuelle Neigung, der soziale Stand oder ein auffälliges Äußeres entgegen stehen könnten. Manchmal ist es vielleicht auch einfach die Angst, sein Leben verändern zu müssen, wenn man gläubig würde. Das kann insbesondere bei reichen Menschen der Fall sein – und hierzu finden wir in der Bibel viele Geschichten. Der vermeintliche Segen des finanziellen Reichtums wird dort oft zum Gefängnis für die eigene Entfaltung.

Und dann gibt es auch noch die allgemeine Kritik an den großen Kirchen: Missbrauchsskandale, Umgang mit dem Kirchenvermögen, Passivität zu wichtigen gesellschaftlichen Fragen,

Zölibat, Unfehlbarkeit und manch andere Punkte. An dieser Stelle möchte ich mich bei Ihnen bedanken, wenn Sie noch Mitglied in der Kirche sind und mit Ihren Steuern die Aufgaben der Kirchen unterstützen, die ja auch viel Gutes bewegen. Denn selbstverständlich ist die Treue zur Kirche nicht. Für viele Menschen stellt es vielleicht eine Hürde da, den Schritt des Austritts zu gehen und dem Glauben letztlich den Rücken zu kehren. Irgendwie bleibt doch eine Verbundenheit – aber wieso eigentlich? Was kann Kirche oder Christsein Ihnen ganz persönlich bieten? Diese Frage lässt sich nur dann positiv beantworten, wenn eine Glaubensgemeinschaft Sie als Individuum sieht, mit allen Narben, die das bisherige Leben bei Ihnen hinterlassen hat. Mit Offenheit für Ihre Zweifel und Ihre Kritik. Mit der Bereitschaft, Verletzungen einzugestehen, die Ihnen möglicherweise von Christen (aber nicht von Christus!) zugefügt wurden. Mit Respekt vor Ihrer Persönlichkeit, vor Ihren Sichtweisen. Mit Begegnungen auf Augenhöhe, die nicht von oben von der Kanzel des Besserwissens kommen, sondern mit der Demut, dass auch die Christen nicht perfekt sind oder die Weisheit mit Löffeln gefressen haben. Auf diese Art und Weise möchte ich mit Ihnen die Glaubensfragen besprechen.

Vielleicht reden wir ab jetzt auch nicht mehr so oft von *Kirche* oder *Christentum*, sondern lassen diese und andere Begriffe hinter uns zurück. Ab nun soll es um den Ursprung gehen, um die Ideen von Jesus Christus in Originalversion. Möglichst befreit von den Wucherungen der Kirchengeschichte und abgestaubt von dem, was uns von manchen Leuten in schwarz-weißen Kostümen vermittelt wurde. Ich freue mich, wenn es Ihnen gelingt, diese Prägungen einmal abzulegen und auf einem weißen Blatt Ihre Sichtweise zum christlichen Glauben neu zu entwerfen.

In der Bibel wird uns ein Gott vorgestellt, der den Menschen als Individuum sieht. Der mit Menschen spricht und den Menschen zuhört. Der auch Klagen und Kritik aushält. Jesus Christus hat diesen Wesenszug Gottes sehr konkret gelebt, indem er vielen einzelnen Menschen in deren Situation und in deren Lebensschicksal begegnet ist und die Beziehung zu ihnen gesucht hat. Das imponiert mir: Wenn ich an einen Gott glauben soll, dann nicht an einen, vor dem ich mich in einer Menschenmasse in den Staub werfen muss, sondern an einen, mit dem ich mein Leben diskutieren kann. Den ich fragen kann: Warum musste ich dieses Schicksal erfahren? Wo warst Du Gott, als ich in Not war? Wieso ist es mir schlechter oder besser ergangen als anderen? Welche Antwort hast Du auf das ganze Elend in der Welt? Wieso habe ich hier und da so schmerzhaft versagt? Ich möchte keinen Glauben *von der Stange* kaufen, der jedem passen muss. Ich möchte einen Glauben, der an mein bisheriges Leben anknüpft und meine Erfahrungen mit allen ihren Höhen und Tiefen integrieren kann. Der mich mit meinem Leben versöhnt und von meinen Sorgen und Zwängen erlöst. Eben einen Glauben, der meine Persönlichkeit respektiert und mir eine gute Perspektive für meine Zukunft gibt – auch über dieses irdische Leben hinaus.

Wenn Sie jetzt auf dem Markt der Glaubensangebote danach suchen, dann schränkt das die Auswahl schon erheblich ein. Vielleicht wollen Sie erst einmal diejenigen Religionen aussortieren, die Gehorsam und Unterwerfung fordern. Mit deren

Anweisungen möchten Sie vielleicht lieber nicht leben, selbst wenn diese Götter existieren sollten. Aber immerhin bleiben auf dem Markt ja noch etliche Glaubensangebote übrig, die uns umwerben wollen. Exotische alte Rituale, esoterische Spiritualität, fernöstliche Weisheit – und auch der christliche Glaube in seiner Originalversion. Ich kenne mich nicht mit allen Artikeln auf dieser *Ladentheke der freundlichen Glaubensangebote* vertieft aus. Aber ich selbst habe vor vielen Jahren ein Angebot für mich ausgewählt, von dem ich begeistert bin und das ich Ihnen empfehlen möchte. Verkaufen kann ich Ihnen diesen Artikel an der Ladentheke aber leider nicht. Das will ich auch nicht. Auch müssen Sie nichts dafür bezahlen und ich erhalte auch keine Provisionen von Gott für dieses Buch. Sie können diesen Artikel aber gern einmal anfassen, mitnehmen und ausprobieren. Oder zumindest in der Umkleidekabine Ihrer Seele einmal diskret anziehen und im Spiegel schauen, ob er zu Ihnen passt. Zu mir passt er und ich will ihn nicht mehr ablegen: Ich bin Christ, ein Anhänger von Jesus Christus.

An dieser Stelle möchte ich Ihnen etwas von mir persönlich erzählen. Als Jugendlicher bin ich im Konfirmandenunterricht zum Glauben gekommen, weil unser Pfarrer eine sehr einfühlsame Art hatte, mit jungen Menschen umzugehen. Er hatte es geschafft, Jesus Christus in seiner besonderen Liebe zu den einzelnen Menschen darzustellen und die alten strengen Gottesbilder der christlichen Erziehung auszuradieren. Und so erlebte ich in dieser Zeit eine Nacht, in der ich plötzlich schwer krank wurde und dann zu Jesus gebetet habe. Binnen weniger Sekunden waren alle Beschwerden verflogen. Wow, das war eine Erfahrung, die mich tief berührte. Aus dem *lieben Gott im*

Himmel meiner Kindheit war der reale Gott auf der Erde geworden, der sich mir offenbarte. Danach fing ich an, eine Bibel in moderner Übersetzung zu lesen, in der die wichtigsten Texte zusammengestellt waren. Meine Eltern wunderten sich, warum ich - statt am Fernseher zu sitzen - auf einmal dieses Buch verschlingen wollte. Ich erkannte dabei immer mehr, wie sehr Jesus auf die Situation und den Lebensweg einzelner Menschen eingegangen ist. Und dass er auch mich in der Vielzahl der Milliarden Menschen kennt, sieht und versteht. So fing meine Geschichte mit Jesus an. Manchmal finde ich auch heute noch diese Aussage entweder verrückt oder phantastisch: Das Gott jeden einzelnen Menschen kennt und individuell liebt - wer sind wir denn? Muss Gott uns nicht so betrachten, wie wir einen Ameisenhaufen ansehen? Aber wenn es andererseits einen Allmächtigen gibt, der diese herrliche Erde mit all ihren faszinierenden Lebensformen geschaffen hat, dann muss er ja wohl auch wirklich allmächtig sein.

Wenn ich Ihnen jetzt persönlich gegenüberstehen könnte, wäre es mir als Botschafter dieses Glaubens wichtig, Ihnen *zuzuhören* statt Sie *zuzupredigen*. Die Geschichte Ihres Lebens zu hören, Ihre Sicht auf den christlichen Glauben zu verstehen mit all den Fragen, den Enttäuschungen und Verärgerungen. Und auch unabhängig von einer Religion würde ich die Zwickmühlen Ihrer Lebenssituation mit Ihren Sorgen und Ihrem Ärger verstehen lernen wollen. Denn das hätte Jesus auch getan. Christen sollen Wunden heilen statt Wunden aufzubrechen. Und übrigens: Auch der weitere Weg als Christ ist nicht genormt, sondern nach meiner Erfahrung sehr individuell für den einzelnen Menschen von Gott vorgesehen. Auch wenn die Heilsarmee in Uniform durch die Städte zieht (was andere Gründe hat), will der christliche Gott keine uniformierten Anhänger und schon gar nicht gehirngewaschene Glaubenskrieger. Die Jünger Jesu – also sein engster Freundeskreis – waren völlig verschiedene Charaktere. Wir lernen in der Bibel ganz unterschiedliche Leute kennen, die mit ihrer Biografie, ihren Begabungen und in ihrer Situation von Gott individuell beauftragt werden. Ich finde das faszinierend – muss Ihnen aber gestehen, dass dies auch nicht immer leicht zu begreifen ist. Einfacher ist ein logisches und berechenbares Gottesbild, bei dem auf jeden Topf schnell ein Deckel passt und man sich nicht immer umgewöhnen muss an eine andere Vorgehensweise Gottes und an die Umwege, die er mit den Menschen zu gehen bereit ist. Das Gute ist – und das ist meine feste Überzeugung – er geht solche Umwegen auch mit mir und lässt mich nicht im Stich.

Wenn wir in diesem Kapitel darüber nachdenken, woher unsere jetzige Weltsicht und Glaubensauffassung kommt, dann möchte ich noch einen weiteren Aspekt anreißen: Die schleichende Prägung, die wir über viele Jahre durch unsere Gesellschaft erhalten haben. Viele Entscheidungen, die wir treffen, fällen wir nicht wirklich frei, sondern auf Basis unseres Umfeldes in einem reichen westlichen Land. Viele Ansichten werden von Dritten geprägt und nicht wirklich unabhängig von uns selbst. Da ist der soziale Druck der Freunde und Nachbarn. Da sind die Manipulationsversuche der Werbung, die uns einreden will, wir bräuchten dies und das. Und neuerdings kommt der Dschungel des Internets und der Medien dazu, in dem wir kaum mehr zwischen wahr oder falsch unterscheiden können. Glauben Sie wirklich, dass Sie sich davon frei machen können? Ich kann es nicht! Aber es ist ja schon mal ein Anfang, sich dessen bewusst zu werden. Ich möchte in meinem Leben eine weitgehende Freiheit erlangen und nicht die Marionette irgendwelcher Interessensgruppen sein. Natürlich kann ich mich nicht jeder gesellschaftlichen Ordnung entziehen, wenn ich am sozialen Leben teilhaben möchte. Aber manchmal kommt bei mir die Ahnung hoch, dass wir in diesem demokratischen, wunderbaren und freien Land in Wirklichkeit erheblich unfrei leben. Eine elende Gefangenschaft im Schlaraffenland mit der scheinbar unstillbaren Unzufriedenheit immer mehr und mehr haben zu müssen. Auf anderen Kontinenten ist daher der Zugang zum Glauben auch völlig anders möglich. Dort wird im Gottesdienst stundenlang getanzt und danach voller Freude eine Schale Reis miteinander geteilt.

Die Bibel spricht viel über das Thema Befreiung. Der Auszug Israels aus der Sklaverei in Ägypten ist ein zentrales Thema des Judentums und des Christentums, das auch eine wichtige spirituelle Botschaft hat, die sich bis zu Jesus fortführt: Mein Gott muss ein Gott der Freiheit sein, kein Gott, der mich in moralische Ketten oder zwanghafte Rituale drängt. Ich möchte im hoffentlich hohen Alter auf mein Leben versöhnt zurückblicken können - mit allen seinen Höhen und Tiefen, und dabei mit der Zuversicht, dass dieses Leben in Gottes guter Hand lag und er mich immer wieder angeregt hat, mich zu einer inneren Freiheit zu entwickeln. Ich möchte darauf vertrauen können und erkennen, dass mein Leben einen Sinn gehabt hat, und dass der nächste Schritt jetzt bald ansteht im Übergang zu einem spannenden neuen Dasein.

Ich möchte kein Zufallsprodukt der Evolution sein, das für einen winzigen Moment im langen Erdzeitalter kurz aufgegangen und sofort wieder verpufft ist. Ich will mich nicht als eine halbwegs intelligente Lebensform auf diesem Planten ansehen, sondern als ein Wesen, das über seinen Körper hinaus eine Seele hat und eine eigene Persönlichkeit ist.

Vielleicht haben Sie sich an der ein oder anderen Stelle in diesem Kapitel wiedergefunden oder zumindest eine Inspiration für ihr eigenes *Woher* entdeckt, eine neue Idee, warum Sie auf Ihre Art und Weise fühlen, handeln und glauben. Das ist aber – wie gesagt – sehr individuell. Nicht jeder Mensch findet den gleichen Zugang zum Glauben an Gott. Da ist unter anderem die Sprache entscheidend, und es muss ein freier Kanal vorhanden sein. Die Christen versuchen so oft auf ihrer eigenen Frequenz zu senden – viel wichtiger aber wäre es darauf zu achten, dass diese Frequenz bei den Menschen auch empfangen werden kann und unverzerrt ankommt. Dieser *freie Kanal* hängt nach meiner Einschätzung ganz wesentlich von den bisherigen Lebensumständen und -erfahrungen des Einzelnen ab. Da ich die Leserinnen und Leser in der Regel nicht persönlich kenne, hoffe ich, diesen Kanal bei ihnen treffen zu können. Nehmen Sie es mir bitte ab, dass dies wirklich mein Anliegen ist und verzeihen Sie es mir, wenn es mir nicht immer gelingt.

Im nächsten Kapitel verlassen wir die Sicht auf unsere Prägung und weiten den Blick auf den Lauf unserer Welt und deren Zukunft, die ja auch unsere Zukunft ist.

2. Wohin gehen wir?

Die Spezies der Krokodile gehört zu den ältesten Lebewesen auf der Erde. Krokodile gelten als besonders gefährlich für die Menschen, es ist besondere Vorsicht in den tropischen Regionen angebracht. Ohne Waffe sollte man dort nicht in den Sumpf gehen. Allerdings gibt es nur sehr wenige tödliche Angriffe von Krokodilen auf Menschen pro Jahr. Die Zahl der Verkehrstoten allein in Deutschland ist mit etwa 3.000 pro Jahr um ein Vielfaches höher. Der Weg zur Arbeit ist gefährlicher als ein Spaziergang im Dschungel. Im Wuppertaler Zoo habe ich einmal eine Tür gesehen, auf der steht: »Das gefährlichste Tier der Welt«. Hinter ihr befindet sich ein Spiegel. Den Krokodilen ist es in all den Jahrtausenden nicht gelungen, die Menschheit und das Leben auszurotten. Und der Mensch? Den gibt es erst seit viel kürzerer Zeit auf der Erde und zum Glück ist sein Gehirn bei weitem größer als das eines Krokodils, welches in eine Walnuss passt. Das wäre doch eigentlich eine gute Voraussetzung für die verantwortliche Bewirtschaftung des Planeten – oder? Aber besonders in den letzten Jahrzehnten hat die Gefährlichkeit des Menschen ein Tempo aufgenommen, das erstmals den ganzen Globus ins Wanken bringen kann, anders als in früheren Zeiten mit lokalen Katastrophen, die Menschen in bestimmten Ländern oder Regionen verursacht hatten. Kennen Sie diesen Witz:

Unterhalten sich zwei Planeten. Sagt der eine: Was siehst du schlecht aus, bist du krank? Antwortet der andere: Ja, ich habe die Menschheit. Sagt der erste: Mach dir keine Sorgen, das geht schnell wieder vorüber!

Ich erinnere mich noch an die 1990er Jahre, in denen sich aus deutscher Perspektive vieles zum Guten entwickelte:
Deutschland war wiedervereinigt, wirtschaftlich ging es voran, die Weltpolitik entspannte sich. Doch auch in dieser Zeit baute sich bereits im Hintergrund ein gewaltiger Sturm auf, der uns später mit Macht ergreifen sollte: Die Bedrohung unserer schönen deutschen Welt durch die Globalisierung, durch den Klimawandel, durch die zunehmenden Kriege in den ärmeren Ländern mit ihren Flüchtlingsströmen sowie durch den wachsende Extremismus und den internationalen Terror. Schließlich kam auch noch der grausame Angriffskrieg Russlands in der Ukraine vor den Toren der Europäischen Union hinzu. Die Politik kämpft verzweifelt gegen diese Probleme, aber ehrlich gesagt ohne ausreichend schlüssige Ideen gefunden zu haben. Die Sicherheitslage hat sich deutlich verschlechtert und die Kooperationsbereitschaft der Völker nimmt ab, obwohl sie dringend zunehmen sollte. Im Jahr 2019 trat zudem das Coronavirus mit einer jahrelangen Pandemie in die Welt und verschlimmerte zusätzlich die Sorgen um die Zukunft, das eigene Leben und die eigene Freiheit.

Ich möchte nicht wissen, wie viele Menschen an dieser Gesamtsituation verzweifeln oder depressiv werden. Wir beobachten verschiedene Reaktionsmöglichkeiten, dieser fatalen Lage der Welt zu begegnen: Manche Menschen gehen freitags für das Klima auf die Straße um endlich etwas zu bewegen, andere verdrängen die Klimakrise oder die Pandemie, in dem sie sie einfach leugnen. Ein Kollege von mir hortet im Keller Vorräte und hat auch ein Gewehr im Haus, um sich verteidigen zu können. Manche Glaubensgemeinschaften sprechen in der

Fußgängerzone vom anstehendem Weltuntergang und dem Gericht Gottes, während sich direkt daneben die Leute in Partys und den Konsumrausch stürzen, solange dies noch geht. Fakt ist, dass unser Lebensstil mit aller seiner Zerstörungskraft uns inzwischen auch in den reichen Ländern eingeholt hat und wir seinen Preis zahlen müssen. Dabei möchte ich niemanden einen Vorwurf machen, der ohne bösen Willen den Wohlstand in den zurückliegenden Jahren genossen hat. Es ist schwer zu verstehen, dass am Ende unserer Lieferketten die Sklaverei und die Armut entstehen, die wir so bei uns nicht mehr kennen. Ich glaube auch nicht, dass sich diese Problemflut durch neue technische Errungenschaften weltweit in den Griff bekommen lässt, allein die Pandemie zeigt uns, dass das Tempo eines Virus weitaus höher als das der Forschung ist.

Stellen wir uns vor, Gott würde einen Engel senden, der den Zustand der Erde untersuchen soll: »Dr. Gabriel, berichten Sie mir umgehend, wie es um die Erde bestellt ist. Ich benötige einen umfassenden Gesundheitsscheck.« Der himmlische Mediziner Dr. Gabriel kommt nach einigen Tagen zurück und berichtet Gott, wie die *Werte* der Erde ausgefallen sind. Auf dem *Blutbild* unserer Welt sind viele quantitative Werte wie Erderwärmung oder Waffenproduktion ebenso vermerkt wie qualitative Werte, etwa die Mitmenschlichkeit, – und viele weitere Kennzahlen. Welche Werte auf dem Untersuchungsbogen werden wohl im roten, lebensgefährlichen Bereich sein? Es sind nahezu alle. Gott beschließt daher sofort, den Patienten Erde ins Krankenhaus zu verlegen: »Dr. Gabriel, sofort auf die Intensivstation damit, vielleicht ist ja noch etwas zu retten!« Gabriel eilt los, dreht sich aber noch einmal kurz zu

Gott um: »Herr, warum hast Du diese Welt so laufen lassen? Wir haben doch so viele besser funktionierende Lebensformen im Kosmos.« Gott blickt ihn traurig an: »Weil ich freie Geschöpfe haben wollte, die eigenständig entscheiden können, und keine willenlosen Wesen.« Vielleicht erinnern Sie sich daran, wie diese Geschichte weiterging: Der Engel Gabriel muss auf Dienstreise zur Erde, um die Geburt von Jesus anzukündigen. Jedes Jahr zu Weihnachten können wir davon hören.

Vielleicht möchten Sie schon seit einigen Minuten rufen, ich solle mit der Schwarzmalerei aufhören. Das möchte ich auch, um dann eine Idee für eine neue Hoffnung zu entwickeln. Andererseits werden die meisten von uns zumindest unterbewusst ein Bauchgefühl verspüren, dass die Zukunft immer schwieriger wird. Dann sollte man sich diesen Ängsten auch einmal stellen.

Neben den Sorgen um die Zukunft unserer Kinder und Enkel werden viele unter uns von ganz anderen Sorgen geplagt, die für sie noch viel stärker im Vordergrund stehen: Hier ist zum Beispiel eine schwere Erkrankung, dort ist es ein dementes Elternteil. Mancher steht vor dem Scherbenhaufen seiner Ehe oder verliert gerade seinen Arbeitsplatz. Statt an *fridays for future* zu denken, beschäftigt ihn viel mehr, wie seine eigene Zukunft am kommenden Freitag aussehen kann. Wie soll es weitergehen? Wie lebenswert ist die restliche Zeit meines Lebens? Ja überhaupt, da ist ja sowie schon immer die Frage nach dem Sinn des eigenen Lebens gewesen. War das alles: Schule schaffen, in der Firma rackern, Kinder großziehen, gegen das Altwerden ankämpfen und jetzt bricht so vieles wieder zusammen? Wer vom Leben zurzeit enttäuscht wird, hört nicht gern eine Predigt vom *lieben Gott*. Ein Gott wird nur dann im wahrsten Sinne des Wortes *glaub–würdig*, wenn er auch ganz praktisch helfen kann und nicht nur auf eine wage Hoffnung im Himmel vertröstet. Hier sind auch wir als Christen gefordert, wenn wir die Visitenkarte unseres Gottes auf der Erde sein wollen: Ein Glaube, der nicht nur redet oder gar nur im stillen Kämmerlein gelebt wird, sondern ein Glaube, der handelt und hilft.

Gut sind alle Menschen dran, die nicht gerade von schweren persönlichen Krisen und Belastungen geplagt werden. Doch manchmal glaube ich, dass auch sie andere Sorgen haben, da es doch so schwer zu sein scheint, einfach nur glücklich zu sein: Da ist zum Beispiel die Sorge um den eigenen Status. Schließlich muss man ja etwas hermachen und als etwas Besseres gelten. Daher steht auch der schicke Wagen vor der Tür und die Klamotten müssen entsprechende Logos haben, zum Beispiel das mit dem Krokodil. Dafür wird an anderen Stellen gegeizt, etwa bei der Ernährung, und es werden jahrelang Kredite abbezahlt. Diese unselige Spirale des *Immermehr* fängt schon bei den Kindern an. Neulich habe ich von einer Studie gelesen, nach der die Jugendlichen im armen Rumänien glücklicher sind, als unsere deutsche Jugend. Eine andere Sorge ist unsere panische Angst vor dem Älterwerden. Die Medien gaukeln uns vor, dass man auch mit 50 noch wie Mitte 30 aussehen muss. Eine riesige Industrie will dazu an unser Portemonnai: Fitnessstudios, Schönheitschirurgen oder Pflegemittelhersteller. Es kommt mir vor, als müssten wir vor einem neuen Auftritt in unserem Lebensfilm erst einmal *in die Maske* – und dann laufen wir mit einer *Maske* durchs Bild und sind nicht mehr wir selbst. Allerdings gibt es in diesem Studio keinen Stuntman, der uns die schweren Passagen in unserem Lebensfilm abnehmen wird. Das sollten wir bedenken. Übrigens, ich habe gelesen, dass es in Afrika Völker gibt, bei denen es besonders erstrebenswert ist alt zu werden. Das gilt dort nämlich als ein Zeichen besonderer Weisheit und wird entsprechend wertgeschätzt: Wow, Du bekommst ja schon graue Haare, wie schön! - solch ein Kompliment wäre bei uns wohl eher selten. Wie gut wäre es, daraus zu lernen und das Altwerden positiver zu sehen, statt aus Angst davor an jedem letzten Stückchen Jugend zu kleben und in bunten Basketballschuhen durch die Stadt zu laufen. Vielleicht würde in so einer Gesellschaft auch der alte Mensch anders gepflegt und integriert sein, als es heute der Fall ist.

Wie wird nun Ihre und meine Zukunft aussehen? Leider habe ich keine Glaskugel im Sortiment und bin auch kein Prophet oder Wahrsager. Und selbst wenn die Linien in der Hand uns die Zukunft zeigen könnten, würde uns das nicht helfen leichter durch die prophezeiten schweren Zeiten zu kommen. Vermutlich werden die meisten Leute gegenüber Dritten über Wahrsagerei nur schmunzeln und den Blick in die Kugel oder die Hände als Kirmesvergnügen abtun. Interessant ist allerdings, dass viele Menschen dennoch insgeheim Horoskope lesen oder an Methoden der Astrologie und des Wahrsagens glauben. Ob dahinter wohl die quälende Frage nach der Zukunft steckt, die jeden beschäftigt? Überhaupt ist die große Mehrheit der Bevölkerung spirituell interessiert: 58% der Deutschen glauben laut einer Umfrage an einen Gott (in Westdeutschland sind es sogar 67%). Das heißt also, wenn 9 Menschen vor Ihnen an der

Kasse stehen, sind 6 davon irgendwie gläubig. Nur etwa einen davon könnten Sie vielleicht mit etwas Glück in der Kirche treffen, aber dieses Problem hatten wir ja weiter oben schon beleuchtet.

Auf den zurückliegenden Seiten habe ich versucht ein wenig zu analysieren, was uns Menschen antreibt. Natürlich gibt es auch sehr viele positive Ansätze, unsere Welt zum Besseren hin zu entwickeln oder sich mit den Mitmenschen zu solidarisieren. Das soll auf keinen Fall vergessen werden. Aber es bleibt bei meiner Analyse das Gefühl hängen, dass über die Jahrhunderte etwas anderes dominiert hat: Der Kampf um eigene Vorteile, sei es als Nation oder als einzelner Mensch. Und die Geschwindigkeit dieses Kampfes hat gerade in den letzten Jahrzehnten deutlich zugenommen. Warum ist der Mensch oft so unmenschlich? Warum bin ich selbst so oft auf meinen Vorteil bedacht? Vielleicht ist es die Angst, dass unsere Lebenszeit begrenzt ist, denke ich. Die Angst davor, etwas zu verpassen und nicht nachholen zu können. Die Angst vor dem dunklen Loch des eigenen Todes. Was mag danach kommen? Wird uns sozusagen einfach der Stecker gezogen, dann scheint es logisch zu sein, möglichst viel aus dem eigenem Leben rausholen zu wollen. Wartet dann Gott, das Fegefeuer oder eine Bestrafung auf uns, wie es viele Religionen lehren? Dann sollten wir erst recht Angst davor haben. Fazit: So oder so müssen wir Angst haben vor unserem Ende und sollten es besser verdrängen.

Der Tod ist das Schlüsselproblem dieses Daseins. Gäbe es ihn nicht, so hätten wir ein Leben wie im Garten Eden, hätten alle Zeit der Welt und müssten uns nicht abstrampeln, um möglichst viel vom kurzen Leben zu erlangen. Die Bibel berichtet die uralte Geschichte von Adam und Eva, die bei vielen wie ein Märchen klingt, aber doch so viel Wahrheit und Weisheit enthält: Der Mensch will sein wie Gott – und Gott gestattet es ihm – und dann missbraucht er diese Freiheit und muss sich auf den Weg in die Gottesferne machen und der Tod zieht in das Leben ein.

Ich kenne zwei Menschen, die von einer Nahtoderfahrung berichtet haben. Der eine, ein gläubiger Katholik, berichtet von seiner Reanimation, dass er ein helles wunderbares Licht und sich selbst auf dem OP-Tisch liegen gesehen hat. Dann kam er zurück in diese Welt. Der andere, ein Atheist und Lebemann, berichtet nach einem Herzstillstand, dass ein starker Sog ihn in eine dunkle offene Tür ziehen wollte, hinter der es schwarz und unheimlich war. Er habe sich am Türrahmen festgeklammert um dem Sog zu widerstehen und kam dann zurück in dieses Leben. Natürlich wissen wir nicht, wie solche Erlebnisse entstehen und was sie bedeuten. Dennoch bringen sie mich ins Nachdenken: Gibt es nach meinem Tod eine Weiche, die mich auf ein Gleis ins Dunkel oder ein Gleis ins Licht führt? Und kann ich diese Weichenstellung beeinflussen?

Damit kommen wir zur dritten Frage: Warum soll ich an einen Gott glauben?

3. Warum soll ich glauben?

Neulich habe ich gelesen, Forscher sollen nachgewiesen haben, dass ein Glaube (ganz gleich an welchen Gott) zu einer höheren Lebenserwartung führt. Die Mönche in Deutschland haben sogar eine um drei Jahre höhere Lebenszeit als der Durchschnitt der Männer. Das ist ein beachtliches Ergebnis. Nun, ich gebe zu, letztere Erkenntnis hätte meine Berufswahl vor vielen Jahren nicht entscheidend beeinflusst. Und mancher würde dazu sogar etwas scherzhaft ergänzen, dass es ja auch auf die Qualität des Lebens und nicht nur auf die Dauer ankommt. Es ist jedoch durchaus nachvollziehbar, dass gläubige Menschen einen stärkeren psychischen Halt haben, der ihnen helfen kann, in Lebenskrisen zurecht zu kommen. Ein überzeugter Atheist würde dazu vermutlich sofort einwenden, dass diese Art Selbsttäuschung zwar hilfreich sein kann, aber nicht notwendigerweise ein Nachweis für die Existenz eines Gottes darstellt.

Nicht selten sind es aber gerade die Kritiker und Zweifler an den Religionen, die sich intensiv mit Gott beschäftigen, manchmal intensiver als viele Kirchgänger. Berthold Brecht hat einmal gesagt, er sei kein Atheist, sondern ein *religiöser Sozialist* und seine Lieblingslektüre sei die Bibel. Offenbar fand er in den kirchlichen Lehren aber nicht das wieder, was ihm wichtig war: Die Gerechtigkeit, für die Jesus eintrat. In seinen Werken thematisiert er immer wieder das Spannungsfeld zwischen den sozialen Realitäten und den frommen Ansichten: »Wir können nicht mehr in die Hölle kommen«, sagen die Leute in der Oper Mahagonny zu Gott, »weil wir immer in der Hölle waren.«

Damit sind wir bei einem Hauptargument, welches über Jahrhunderte den Glauben an den christlichen Gott und ebenso an viele andere Götter mit erhobenem Zeigefinger begründete: Dein Lebenswandel entscheidet darüber, ob Gott dich in die Hölle schickt. Damit ließ sich zum Beispiel im Mittelalter jegliche Form von Unterdrückung durchsetzen. Kein guter Grund, an Gott zu glauben, aber leider immer noch manchmal präsent in unseren Kirchen.

Ich möchte dazu eine kurze Geschichte erzählen:

Ein Bewohner eines abgeschiedenen Dorfes im Himalaya hatte bislang nie seine Heimat verlassen, als er zum ersten Mal eine große Reise nach London antrat, um einen ausgewanderten Verwandten zu besuchen. Dort angekommen wollte er sich auch die großen Sehenswürdigkeiten des christlichen Abendlands anschauen, um die Religion der Christen und deren Religionsstifter Jesus Christus besser zu verstehen. Daher besichtigte er die Kathedrale Westminster Abbey. Nach dem Besuch fragte ihn sein Verwandter, welchen Eindruck er denn vom Gott der Christen mitgenommen habe. Da sagte der Mann:

»Der Tempel der Christen ist eigentlich wie ein großer Friedhof. Überall stehen uralte Särge herum von Königen oder Fürsten. Offensichtlich praktizieren die Christen einen regen Ahnenkult. Auch ist es sehr dunkel im Tempel und viele Bilder an den Wänden machen einem Angst. Man kommt sich sehr klein im Verhältnis zu Gott vor. Das normale Volk kann gar nicht in den hinteren Bereich mit weiteren Heiligtümern gelangen. Es muss unten in der großen kalten Halle bleiben und darf nicht zum sogenannten Hochalter hinaufgehen. Und dort hängen auch die prachtvollsten Bilder. Ich glaube, das bedeutet, dass die Menschen durch ein gehorsames Leben irgendwann dort hinauf zu Gott gelangen können. Dann ist mir noch aufgefallen, dass die Christen sehr militärisch orientiert sind: Ich habe Bilder von Soldaten gesehen, die von Gott gesegnet werden. Und diese Kirche muss unermesslich reich sein. Überall Gold, Silber und kostbare Kunstschätze. Viele Touristen drängelten sich durch das Gotteshaus, wie in einer Fußgängerzone. Es fand aber überhaupt kein Gottesdienst statt. Die Bettler sitzen übrigens draußen, vor dem Tempel. Also, an diesen Gott könnte ich niemals glauben.«

Diese Geschichte zeigt: Vieles ist einfach zu unlogisch und zu unglaubwürdig in unserer religiösen Welt, um den Glauben ernst nehmen zu können. Das gilt nicht nur für das Christentum, sondern auch für viele andere Religionen. Bisher haben wir in diesem Kapitel also noch keine wirklich guten Gründe für den Glauben an Gott gefunden.

Vielleicht schauen wir besser nicht in die großen Kathedralen um Gott zu suchen. Viele Menschen spüren Gott viel eher draußen, zwischen den Wundern der Natur. Es ist einfach unfassbar, wie faszinierend diese Welt gebaut ist, wie das Leben funktioniert vom kleinsten Detail in den Zellen bis zu den großen Wundern unseres Körpers. Das kann doch kein Zufall sein, der sich ohne die Idee und Schöpferhand eines genialen Gottes entwickelt hat, denke ich oft. Ich muss hier nicht all die Beispiele aufzählen, die Sie sich anschauen können, wenn Sie vor die Tür gehen oder sich selbst betrachten. Einen Großteil dieser Zusammenhänge ist selbst für Wissenschaftler noch nicht vollständig erklärbar – ich vermute, das wird sich auch künftig nicht wesentlich ändern. Viele Menschen kommen durch diese Wunder ins Nachdenken über die Existenz eines Gottes. Es ist eigentlich viel naheliegender, an einen Schöpfers zu glauben, als an eine zufällige Entwicklung über Millionen von Jahren, deren Ausgangspunkt auch nicht erklärt werden kann und die zu dieser großen Perfektion geführt hat. Was war der Ursprung der Evolution? Was geschah vor dem Urknall? Es bietet sich an zu denken, dass Gott diesen langen Evolutionsprozess begleitet hat. Warum sollte es nicht eine Dimension geben, die jenseits unserer dreidimensionalen Welt existiert und die wir einfach nicht verstehen können? So wie ein Frosch auch keine Ahnung hat, dass über ihm Vögel fliegen.

Hinzu kommt, dass vermutlich keiner von uns sich selbst nur als Biomasse ansieht, die fast nur aus Wasser besteht, sondern als eine individuelle Persönlichkeit. Wir haben als Menschen so etwas wie eine Seele, *ein Ich*, das nicht nur durch einen chemischen Prozess im Hirn entsteht. So personifiziert habe ich mich immer gesehen, auch schon bevor ich gläubig wurde, und überlegt, ob meine Persönlichkeit oder meine Seele unabhängig vom Zustand meines Körpers existiert - und dann auch über den Tod der Biomasse hinaus, in der sie zurzeit Wohnung genommen hat. Woher kommt meine Identität, meine Persönlichkeit? Sind das nur genetische Erbschaften meiner Vorfahren oder Prägungen in der frühen Kindheit? Natürlich haben diese Einflüsse deutliche Spuren in meinem Denken, meinen Talenten und meinem Handeln hinterlassen. Aber ist das alles, was mein *Ich* ausmacht?

Ich meine, ich habe durchaus Entscheidungsmöglichkeiten und Gestaltungsfreiräume für mein eigenes Leben. Ich kann Wege bewusst einschlagen oder vermeiden. Und ich kann mich verändern *wollen*. Ich glaube nicht, dass Gott die Erde wie eine große Modelleisenbahn aufgebaut hat, auf der er nun die Züge fahren lässt. Alles wäre dann genau von ihm bestimmt, gesteuert oder automatisiert. So wie ich als Kind Spaß daran hatte, mit der Fleischmann-Eisenbahn auch oft mal einen Unfall zweier Züge nachzuspielen, so spielt Gott nicht mit seiner Erde und lässt es manchmal krachen. Gott weiß zwar, *wie* wir uns entscheiden werden, aber er hat nicht unsere Entscheidungen mit seinem Joystick gesteuert und er bestimmt nicht, *was* wir entscheiden. Auch das ist übrigens eine uralte Wahrheit in der Schöpfungsgeschichte, in der die Menschen die Freiheit haben, sich für die Bäume und Früchte zu entscheiden. Sie essen vom Baum der Erkenntnis und wissen dann selbst, was gut und böse ist. Diese Geschichte vom sogenannten *Sündenfall* ist für mich zugleich die erste große Freiheitsgeschichte Gottes mit seinen Menschen. Ich bin immer wieder beeindruckt, wie tiefsinnig und vielschichtig die Bibel beginnt – mit einem Text, der viele tausend Jahre alt ist.

Ein anderer Zugang zur Existenz Gottes kann über die Frage nach dem Sinn des Lebens erfolgen. Kann mir ein Gott einen Sinn für mein Leben geben, den ich nicht auch so schon haben kann? Natürlich kann auch ein Atheist viel Sinn in seinem Leben sehen, wenn er sich zum Beispiel als Arzt für leidende Menschen einsetzt. Es gibt viele Vorbilder in der Geschichte und unserer Gegenwart, vor denen wir unseren Hut ziehen sollten, weil sie sehr sinnvoll gelebt haben oder leben, auch ohne gläubig zu sein. Ich suche aber darüber hinaus nach Antworten auf Sinnfragen, die unser kurzes Leben überdauern: Was ist der *höhere* Sinn meines Lebens, wenn ich bald sterben muss oder wenn ich gerade keinen Sinn darin erkennen kann? Auch wenn ich anderen helfe: Was ist deren Sinn im Leben? Wozu bin ich da und was bleibt von mir? Was ist der Sinn allen Lebens an sich?

Wenn es Gott gibt, so wird es dazu eine Auflösung geben, selbst wenn ich sie jetzt noch nicht so richtig erkennen kann. Vielleicht liegt ein Geheimnis dazu bereits in der alten Geschichte von Adam und Eva verborgen: Ein Gott, der den Menschen als Partner erschafft, als sein Abbild, ihm ähnlich, so heißt es im hebräischen Originaltext. Gott haucht dem Menschen *seinen* Lebensatem ein, steht dort weiter, so wurde der Mensch eine lebende Seele. Das hebräische Wort für Seele bezeichnet dabei den ganzen Menschen, sein *Selbst*, und es kommt 754 mal in der Bibel vor. Also ein Begriff mit hoher Bedeutung für die jüdischen und christlichen Schriften. In der Schöpfungsgeschichte erhält dieser Mensch von Gott die Verantwortung, den Lebensraum Erde zu gestalten und in der Gemeinschaft mit Gott *paradiesisch* zu leben. Er hat die Freiheit Entscheidungen zu treffen und selbstbestimmt zu sein, nicht als identitätsloser Spielball Gottes. Darin liegt also der Sinn des Lebens, wenn wir den Anfang des Buches Genesis in der Bibel lesen.

Sie müssen natürlich nicht an die historische Existenz von Adam und Eva glauben oder an die Streuobstwiese, in der sie sich als erste Menschen bewegt haben. Viel wichtiger ist die symbolische Bedeutung und die beeindruckende Weisheit dieser

Überlieferung. Es wäre so schön gewesen, wenn dieses sinnvolle glückliche Zusammenleben im Paradies noch anhalten würde. Aber leider ist die Freiheit der Menschen dann doch aus dem Ruder gelaufen, denn der Mensch wollte *sein wie Gott*, so heißt es in der Geschichte. Diese Abkoppelung von seinem Schöpfer führte dann – so versteht es die Bibel – zum heutigen desolaten Zustand der Welt und zur Endlichkeit unseres Lebens. »Wenn ihr nicht mehr im Vertrauen zu mir leben wollt, dann wird der Tod von jetzt an euer Leben bestimmen«, sagt Gott nach dem Sündenfall, nach dem *Misstrauensantrag* der Menschen, die ihr Vertrauen in Gott aufgegeben hatten. Damit sind wir wieder bei dem Kernproblem vieler unserer Fragen: Unser Tod als das große Geheimnis, vor dem die meisten Menschen Angst haben und krampfhaft versuchen dagegen anzukämpfen. Die Sinnfrage ist ganz eng mit der Todesfrage verknüpft. Was nach dem Tod kommt, scheint rückblickend über den Sinn meines Lebens zu entscheiden.

Dieses Problem wurde im Mittelalter (und nicht nur da) schamlos ausgenutzt, in dem den Menschen das Gericht Gottes mit Höllenqualen und Fegefeuern nach ihrem Tod angedroht wurden. In vielen historischen Kirchengebäuden, auch bei uns in Solingen, zeichnen schreckliche Bilder eine Drohkulisse an die Wände, die zur Frömmigkeit und zum Gehorsam erziehen sollten. Zum Gehorsam gegenüber der Kirche, versteht sich. Der Grund an Gott zu glauben war ganz einfach: Aus Angst vor der Rache und der Strafe Gottes für das Versagen im eigenen Leben. Ich vermute, dass dieses Motiv für den Glauben auch heute noch offen oder unterbewusst in vielen Religionsgemeinschaften mitschwingt. Dieser rächende, wütende Gott passt nicht so ganz zu dem Bild der Freiheit, Kreativität und Großzügigkeit, das wir eben in der Schöpfungsgeschichte gesehen haben. Dennoch bleibt natürlich die Frage bestehen: Wenn es einen Gott gibt, dann könnte er in der Tat über unser Leben Gericht halten. Ich möchte das anhand zweier Beispiele deutlich machen:

Variante 1: Gott ist ein *lieber* Gott, der am Ende die Welt mit einer kölschen Mentalität beurteilt und *Fünfe gerade sein* lässt: »Jetzt wolle mer mal nit so streng sein!« Dieser Gott hätte faktisch kein Interesse an Gerechtigkeit, eigentlich sind ihm die Menschen egal. Der Vergewaltiger kommt gemeinsam mit seinem Opfer in den Himmel und soll dort Choräle singen. Die Frau, die früh ermordet wurde, weil sie im Krieg Juden versteckt hat, wird genauso behandelt wir ein hoher SS-Offizier. Damit würde doch der Sinn des Lebens völlig entwertet! Wenn es egal ist, was ich in meinem Leben mache und wie ich mich anderen gegenüber verhalte, dann ist Egoismus, Mord und Totschlag salonfähig und genauso sinnvoll wie ein religiöses Leben. An einen solchen Gott möchte ich nicht glauben, denn er kann meine Sinnfrage nicht ausreichend beantworten.

Variante 2: Gott ist ein *gerechter* Gott, der am Ende der Welt die Taten der Menschen durchaus abwägt (ich schreibe bewusst nicht, Gott könnte ein brutaler, aggressiver Gott sein. Diese Variante Nummer drei würde unsere Überlegungen nach dem Sinn des Lebens sowieso obsolet machen). Das Wort Gericht hängt eng mit dem Wort Gerechtigkeit zusammen. Der *gerechte* Gott würde also am Ende der Zeiten wieder Gerechtigkeit schaffen, indem er einen Ausgleich herstellt zwischen den im Leben benachteiligten Menschen und den im Leben übergriffigen Menschen. Nein, werden viele Leute rufen, das Endgericht ist doch Quatsch, das ist doch nur etwas um den Menschen Angst zu machen. Aber so abwegig ist es doch nicht, wenn man aus der Perspektive der vom Leben Benachteiligten schaut. Und schließlich sind auch wir Menschen selbst permanent bereit zu bewerten: Wer von uns sucht sich im Supermarkt nicht die besten Früchte aus und lässt die mit ein paar braunen Stellen liegen, so dass sie abends im Müll landen? Wie oft *richten* wir uns nach Äußerlichkeiten und wählen das Schönere oder Bequemere statt dem Zweitschönsten. Wir leben ständig selbst ein ausgeprägtes Gericht und betreiben eine Wegwerf- und Ellenbogengesellschaft. Warum billigen wir Gott diese Eigenschaft nicht auch zu? Warum sollte er uns anders behandeln, als wir es mit unserer Umwelt tun? Logisch scheint mir: Wir haben die Freiheit missbraucht, komplett als Menschen versagt und werden daher von Gott links liegengelassen wie die braunen Bananen auf der Ladentheke.

Dennoch ist die Sorge vor dem Gericht Gottes kein guter Ratgeber für den Glauben. Solche Gottesfürchtigkeit käme aus einer eher negativen Sicht, in seinem Leben möglichst fromm zu sein und nichts falsch zu machen. Daher möchte ich noch einmal an die Freiheit anknüpfen, die Gott den Menschen mitgegeben hat, und eine positive Sicht entwickeln. Wie wäre es denn, ich würde an Gott glauben können, weil er...

… mir Kraft und Mut zu Leben gibt,
… mir Leben gibt mit Sinn und „Leben drin“,
… mich begabt und beauftragt die Erde mitzugestalten,
… mir eine Gelassenheit gibt ohne Angst vor dem Tod,

… mir aufzeigt, wie ich mehr und mehr wieder zurückkommen kann in die gute Gemeinschaft mit Gott.

An solch einen Gott möchte ich glauben, der gerecht ist und barmherzig zugleich. Der mir die Hand reicht und mir hilft zurückzufinden zu einem sinnvollen Leben. Diese Hand möchte ich ergreifen. In der Bibel steht folgende Aussage Gottes:

Wenn ihr mich von Herzen suchen werdet, so werde ich mich finden lassen.

Auch in diesem Satz ist viel Tiefsinn und Wahrheit enthalten: Die Frage, warum ich glauben soll, lässt sich nur beantworten, indem ich mich auf die Suche nach Gott begebe. Die meisten Christen, die ich kenne, haben nicht durch abstrakte Gedankenspiele zu Gott gefunden, sondern durch Ausprobieren, Suchen und Fragen. So war es auch bei mir: Ich habe mehrmals besondere Situationen in meinem Leben gehabt, die mir klar gemacht haben: Gott ist da und sieht mich, mich persönlich. Von der nächtlichen Heilung, nachdem ich gebetet hatte, habe ich Ihnen bereits erzählt.

Ich möchte sie zum Schluss dieses Kapitels noch an einem anderen Erlebnis teilhaben lassen, das gut zum oben diskutieren Thema Gerechtigkeit passt:

Vor vielen Jahren war ich in einer evangelischen Gemeinde Mitglied in einem Bezirksausschuss. Damals ärgerte ich mich über die Haltung einer sehr konservativen Presbyterin, kleine Kinder würden im Gottesdienst stören. Nun, wir hatten damals

einen dreijährigen Sohn, wollten in den Gottesdienst und hatten aber keine Kinderbetreuung. Außerdem waren wir der Ansicht, dass alle Menschen im Gottesdienst Platz haben sollten. Ich sagte dieser Frau dann fast wörtlich: »Sie wollen Kinder aus dem Gottesdienst verbannen, die Jesus geherzt und gesegnet hat? Was meinen Sie denn, wie es in Großstädten wie Hamburg oder Düsseldorf zugeht, da stolpern manchmal alkoholisierte obdachlose Menschen oder Junkies in die volle Kirche!«
Am nächsten Sonntag hatte die Presbyterin die jährliche Aufführung ihres Flötenkreises im Gottesdienst. Als die festlich angezogenen kleinen Mädchen gerade mit dem ersten Stück begonnen hatten, kam ein betrunkener Mann mit einer Plastiktüte voller Flaschen in die Kirche und setzte sich genau neben mich! Er brabbelte vor sich hin und klapperte mit seinen Flaschen. Das war vermutlich das allererste Mal, dass so etwas in unserer Kleinstadt geschah. Ich sah, wie die Presbyterin im Altarraum (oder sollten wir besser *Bühne* dazu sagen) blass im Gesicht wurde, den Pastor flehend ansah und ihre Vorführung als gefährdet betrachtete. Aber der betrunkene Mann störte gar nicht so sehr und ich dachte, das hältst du jetzt einfach mal aus, schließlich ist die Kirche für alle Menschen offen. In meinem Inneren lobte ich Gott für dieses *Zeichen*. Nach einiger Zeit bat die Küsterin dem Mann eine Tasse Kaffee an und ging mit ihm nach Nebenan. So endetet die *Vorführung* der Presbyterin. Ich war völlig geflasht, dass Gott sich mir so nahbar zeigte – zumal Jesus schon damals nicht zulassen konnte, dass Kinder und Bettler von ihm ferngehalten wurden. Für mich ist solch ein Erlebnis kein Zufall. Darum glaube ich an Gott.

4. Wem soll ich glauben?

Wie Sie wissen, glaube ich an Jesus Christus. Aber warum soll man ausgerechnet an ihn glauben, werden Sie vielleicht fragen. Sicher, Jesus war ein bemerkenswerter Mensch und ein großes Vorbild. Aber ist er auch *der* Erlöser, den Gott gesandt hat, der sogenannte *Sohn Gottes*, der von sich behauptete, er und Gott wären eine Einheit? Das religiöse Angebot ist ja nicht gerade klein. Wem soll ich glauben? Die einen sagen, vor Gott müsse man sich mehrmals täglich auf einem Teppich zum Beten niederwerfen, die anderen wollen, dass wir in ihren Tempeln Opfer bringen. Wiederum weitere meinen, dass wir uns in Weisheiten und Meditationen versenken sollen. Oder sind es die religiösen Gruppen, die von freier Liebe, Frieden und Glück schwärmen und sich in eine Lebensgemeinschaft zurückziehen? In Zeiten der Heimwerker kommt dann noch ein Self-Made-Glaube in Frage, bei dem man sich selbst eine Glaubensüberzeugung zusammenstellen kann – frei nach dem Motto: Das Beste aus allen Welten. Nicht zu vergessen der Aberglaube, der hinter jeder schwarzen Katze gleich ein böses Omen vermutet.

Wer hat denn nun Recht? Eine alte Weisheit sagt:
Ein Elefant wurde einmal von einigen Blinden betastet – und jeder von ihnen kam zu einer anderen Beschreibung dessen, was er berührte. Für den einen war der Elefant wie eine dicke Schlange, denn er hatte den Rüssel in der Hand. Für einen anderen war es eine raue Kugel, denn er berührte das Hinterteil, ein Dritter beschrieb eine aufrechte Säule, denn er befand sich neben einem Bein, und so weiter. Jeder kam so zu einer anderen Beschreibung für ein und dasselbe Wesen. So sei es denn auch

mit den Religionen – jede habe irgendwie aus der jeweiligen Perspektive Recht. Ist das eine weise Lösung der Religionsfrage?

Ich kann und will nicht über andere Sichtweisen und Glaubenszugänge urteilen. Ich habe großen Respekt vor allen Menschen, die ihren Glauben mit Überzeugung leben. Allerdings halte ich die Elefantengeschichte für zu einfach, um die Frage nach Gott zu erklären. Für mich haben die verschiedenen Religionen zu viele Gegensätze und sie widersprechen sich erheblich in ihrem Gottesbild, vor allem aber auch im Menschenbild. Diese Körperteile passen eben nicht so einfach zusammen - und beim Zusammensetzen ergeben sie keinen Elefanten, sondern eine lebensunfähige Chimäre mit unterschiedlichen Blutgruppen, mehreren Gehirnen und widersprüchlichem Verhalten.

So einfach können wir die Frage also nicht beantworten: *Glaube einfach an alle Religionen oder zumindest an ihren wahren Kern und ihre angenehmen Seiten.* Das führt aus meiner Sicht zu einem unbefriedigendem Mischmasch. So wirr zusammengesetzt kann Gott für mich nicht sein. Vielleicht sollten wir uns in unserer Suche nach Gott dem Thema anders nähern. Die Frage: *Wem soll ich glauben?* würde ich daher gern modifizieren in die Frage: *Wem möchte ich glauben?* Das klingt zunächst nach einem Wünsch-dir-was-Glauben, aber ich halte diese Frage durchaus für berechtigt: Wir sind schließlich denkende Menschen und haben von Gott – welchem auch immer – unser Hirn, unsere Gefühle und diese Erde zur Gestaltung und Nutzung überlassen bekommen. Welcher Glaube würde dieser

Erde gut tun? Gott zeigt sich uns leider nicht in einer großen Offenbarung durch eine Stimme vom Himmel, so dass wir selbst auf die Suche nach ihm gehen müssen. Wenn Gott uns hier auf dieser Welt mit allen Problemen und Fragen möglicherweise allein lässt, dann dürfen wir doch wohl auch die Frage stellen: Welcher Gott kann mich überzeugen? Welcher Gott ist für mich *glaub–würdig*? Falls bei unseren Überlegungen heraus kommt, Gott müsse ein erhabener, zorniger und rächender Gott sein, der uns längst im Stich gelassen hat, dann haben wir wohl sowieso kaum eine Chance und gehen in die Vernichtung. Und so einem Gott *möchte* ich mich auch nicht unterwerfen.

Daher darf ich Ihnen nun beschreiben, warum ich an Jesus Christus glauben *möchte*, was seine Qualität ausmacht, die mich überzeugt hat und ihn heraushebt auf dem Marktplatz der Religionen. In den ersten Kapiteln habe ich dazu bereits einiges geschrieben und Sie vielleicht ein wenig neugierig gemacht: Ich möchte an einen Gott glauben, der den Menschen als Individuum sieht. Der zu den Menschen spricht und den Menschen zuhört. Der auch Klagen und Kritik aushält. Im Folgenden möchte ich jedoch eine Ebene tiefer gehen und Ihnen die Glaubwürdigkeit des Jesus von Nazareth noch näher bringen.

Ich bin übrigens kein Super-Christ. Weder bin ich frei von Zweifeln, noch sind alle Frage für mich vollständig beantwortet. Auch lebe ich kein perfektes soziales Leben. Ich frage mich manchmal, warum ich eigentlich so begeistert bin von diesem Jesus, einem Wanderprediger, der in Palästina vor 2000 Jahren für Aufsehen gesorgt hat und nach drei Jahren Wirksamkeit im Alter von etwa 30 Jahren hingerichtet wurde. Warum folge ich ausgerechnet diesem Vorbild? Ich möchte diese Frage auf zweierlei Weisen beantworten: Zum einen, weil ich ihn erlebt habe. Und zum anderen, weil seine Botschaft und seine Art mich überzeugt haben.

Ja, ich habe Jesus erlebt, und zwar als Jugendlicher. Von meiner plötzlichen Heilung hatte ich Ihnen ja bereits erzählt. Das war für mich ein Fingerzeig Gottes: *Ich bin da, auch wenn du mich nicht siehst. Ich höre dir zu, wenn du betest. Ich begleite dein Leben, ich bin tatsächlich auferstanden.*

Ich erinnere mich noch an weitere wundersame Ereignisse: Da war zum Beispiel diese Asylbewerberin 2015, die als verfolgte Christin aus Ägypten geflohen war. Ich traf sie nach einem Gottesdienst und sie erzählte mir ihre bewegende Geschichte. Ihr Problem war, dass sie über einen Drittstaat in die EU eingereist war, in dem sie sehr schlimm behandelt wurde. Nun war am nächsten Tag um 8.30 Uhr ihr Anhörungsverfahren in Düsseldorf und sie rechnete mit einer Abschiebung in das ursprüngliche Einreiseland. Außerdem war Ägypten nicht auf der Liste der besonders kritischen Länder. Diese Frau bat mich um Unterstützung im Gebet. Diese Bitte hatte ich fast wieder vergessen, als sie mir am nächsten Tag auf dem Weg vom Parkplatz ins Büro wieder einfiel. Und zwar genau um 8.30 Uhr. Also bat ich Gott im Gehen zur Firma um Hilfe für diese Frau. Und das Wunder geschah tatsächlich: Ihrem Asylantrag wurde statt gegeben, trotz aller dagegen stehenden Umstände.

Ein anderes Mal wurde ich Zeuge eines schlimmen LKW-Unfalls. Als ich das völlig zerstörte Führerhaus auf der Gegenfahrbahn der Autobahn sah – es war etwa auf ein Drittel der normalen Größe zusammengedrückt – betete ich spontan im Auto für den Fahrer: *Jesus – bitte hilf ihm!* Später erzählte mir ein Kollege, er habe im Internet gelesen, dass es auf der A59 einen spektakulären Unfall mit einem LKW gegeben hatte, bei dem der Fahrer wie durch ein Wunder nahezu unversehrt aus dem Laster geborgen werden konnte.

Sind das alles Zufälle? Sicherlich ist das Beten kein Zaubertrick, mit dem ich den Weltlauf beliebig verändern kann. Ich kann nicht von Gott erwarten, dass immer genau das eintritt, was ich ihn bitte. Solche Gebetserhörungen sind eher selten und ihr Wirken bleibt ein Geheimnis. Aber auch wenn die Welt nicht grundsätzlich verändert wird – so werde doch ich durch das Beten verändert: Ich erhalte Zeichen von Gottes Gegenwart. Schließlich hat Jesus ja auch nicht alles Elend aufgelöst und jeden Toten wieder auferweckt, aber er hat Zeichen gesetzt: Zeichen, die eine neue Weltordnung verkünden, einen neuen Weg, der unter Gottes guter Regie steht. Zeichen die sagen: Der Himmel ist nahe, auch wenn wir noch nicht alles verstehen können. Natürlich gibt es viele Menschen, die schlimme Schicksale erleiden müssen und mir entgegenhalten würden: »Wo war denn dein lieber Gott, als mir oder meinen Lieben dieses furchtbare Leid zugestoßen ist? Du Träumer!« Diese berechtigte Frage führt mich zum zweiten Teil meiner Antwort: Der liebe Gott war auf dieser Erde in Gestalt von Jesus Christus. Und zwar mitten im Leid. Genau bei den Rechtlosen, Verlassenen, Todkranken und Ausgestoßenen. Er ist *der* Kenner des menschlichen Elends, bis hin zu seiner furchtbaren Hinrichtung. Das ist zwar keine Erklärung für das Leiden eines konkreten Menschen oder für die generelle Existenz von Leiden und Sterben, aber eine Antwort auf Gottes Haltung dazu: Jesus setzt ein Zeichen, dass Gott den Menschen nahe sein will und sie liebt. Er geht nicht am Elend vorbei. Jesu Charakter ist nicht stolz und eitel, wie bei einem elitären Guru. Er schaut nicht weg, wie wir das gern tun, wenn uns Elend begegnet. Er macht sich die Hände schmutzig, ja sogar so schmutzig, dass sie blutend an einen Holzbalken angenagelt wurden. Weil er es nicht lassen konnte, für die Schwachen einzutreten und die Wahrheit zu predigen. Weil er nicht vor der religiösen Oberschicht und den weltlichen Machthabern seiner Zeit eingeknickt ist und seine befreiende Botschaft nicht verleugnen wollte.

Warum so viel Böses in der Welt geschieht und es so viel Leid gibt – das kann ich Ihnen letztlich nicht erklären. Für vieles ist sicherlich die Menschheit selbst verantwortlich. Aber ich sehe in Jesus einen Gott, der den Leidenden jeglicher Art nahe sein möchte, dessen *Leidenschaft* der Mensch ist und der selbst auch nicht vor dem Leiden zurückgeschreckt ist. Das hat er für uns getan, um seine Liebe bis zum Äußersten zu zeigen. Jesus ist in seinem Auftreten wie ein Anti-Held: Gewaltlos, liebevoll, wahrhaftig. Heute würde mancher provokant zu ihm sagen: *Du Opfer*. Und in der Tat, genau das war er. Weil Gott die Menschen nicht mit Power unter sein Joch zwingen will, sondern ihnen die Freiheit lassen will, sich für oder gegen ihn zu entscheiden. Es gibt keinen Blitz vom Himmel und keine laute Stimme die uns sagt: »Auf die Knie mit euch, hier spricht Gott. Und jetzt werden wir erst einmal die schwarzen Schafe unter euch aussortieren.« Jesus zeigt die große Freiheit und unglaubliche Liebe auf, die Gott den Menschen zu Gute kommen lassen möchte. Jesus opfert sich im wahrsten Sinne des Worte für sie auf, in dem er mit jeder seiner Hilfeleistungen, mit jeder Heilung und jeder Predigt seiner Ermordung immer näher kommt. Denn mit seiner Art wurde Jesus immer mehr zu einem Sicherheitsrisiko für die herrschende Klasse, damals in Palästina. Aber das hält ihn nicht zurück. Vielleicht hat manch einer ihm sogar geraten: »Jesus, du musst jetzt mal diplomatischer werden, um dir Ärger zu ersparen. Lass doch mal ein paar blinde Bettler sitzen und rede den Priestern auch mal nach dem Mund. Dann kommst du eher zum Ziel!« So aber war Jesus nicht gestrickt. Er lässt keinen Sitzen. Auch uns nicht, wenn wir im Elend hocken.

Zusammengefasst ist es diese grenzenlose Liebe, die Jesus predigte und lebte, die mich überzeugt: Das ist ein Gott für mich. Das ist Erlösung von der Spirale der Gewalt. Das ist Befreiung aus der Verkrampfung in meinem Leben. Diesem Gott, der uns in Jesus erschienen ist, will ich glauben. Und seine Botschaften weiter kennenlernen. Die anderen religiösen Figuren, die um meinen Glauben werben, überzeugen mich nicht. Da geht es zum Beispiel um gehorsame Unterordnung in starre Strukturen. Da braucht es religiöse Übungen, um die Zuwendung Gottes zu erlangen. Da ist zu oft monetäres Interesse im Spiel. Da stehen spirituelle Lehrer im Mittelpunkt, doch ist keiner so konsequent und liebevoll wie Jesus.

5. Was soll ich glauben?

Ich freue mich, wenn die Person Jesus Sie inzwischen in neuer Weise fasziniert. Vielleicht denken Sie ja sogar, falls Sie bislang atheistisch orientiert sind: Wenn ich an einen Gott glauben soll, dann käme nur Jesus in Frage. Aber welchen Lehren soll ich folgen, wenn ich mich mit ihm einlasse? Immer wieder stellen sich dazu sehr elementare und berechtigte Fragen. Zum Beispiel:

- Wie wahr sind die Überlieferungen der Bibel?
- Wer war Jesus – Mensch oder Gott?
- Warum soll er für unsere Sünden gestorben sein?
- Wie real ist die Auferstehung Jesu?
- Warum lässt Gott soviel Leid zu?
- Was geschieht beim sogenannten Endgericht ?
- Was erwartet Gott von mir, wenn ich Christ bin?

Und darüber hinaus gibt es noch viele weitere Fragen, die dieses kleine Buch sprengen würden. Aber zu den oben genannten möchte ich Ihnen einige Ideen und Gedanken anbieten.

Zur ersten Frage:

- Sind die wundersamen Geschichten in der Bibel wirklich geschehen oder Mythen einer uralten Zeit?

Diese Frage würde vermutlich zu anderen antiken Büchern nicht aufkommen. Kaum jemand bezweifelt, dass der Feldherr Hannibal vor über 2000 Jahren tatsächlich mit einem Heer von Kriegselefanten über die Alpen gezogen ist. Auch glauben laut einer Allensbach-Umfrage mehr als zwei Drittel der Deutschen an gute und böse Vorzeichen. Ein Krake namens Paul konnte in seinem Aquarium angeblich die Länderspielergebnisse der WM 2010 vorhersagen und traf tatsächlich auf hohes Interesse bei Medien und Fans. Wenn ein Tischler im alten Ägypten einen Holzspan im Sarkophag vergessen hat, dann würde vermutlich direkt vermutet, dass die Pharaonen schon Zahnstocher kannten. Aber die alte biblische Geschichte vom Israeliten Josef, der vom Gefangenen in Ägypten zum Stellvertreter des Pharaos wurde und Träume deuten konnte – sie wird leicht in die Welt der Märchen abgeschoben. Ist das nicht ein bisschen ungerecht gegenüber der Bibel? Zugegeben, in der Bibel gibt es sehr viele wundersame Geschichten. Aber – wenn es Gott gibt und dieser den Willen hatte sich einem Volk, Israel, zu offenbaren – warum trauen wir ihm dann nicht Eingriffe in den Weltlauf zu, die unseren rationalen Verstand übersteigen?

Natürlich kann man nicht beweisen, wie und ob diese Wunder wirklich geschehen sind. So wenig, wie wir auch andere Zusammenhänge im Kosmos nicht vollständig verstehen können. Aber manches lässt sich vielleicht sogar erklären: Auf ARTE habe ich vor einiger Zeit einen wissenschaftlichen Dokumentarfilm gesehen, der die sogenannte Sintflut als realistische Möglichkeit angesehen hat: Indem durch einen Durchbruch des Atlantiks bei Gibraltar möglicherweise das Mittelmeer geformt und das Flachland dort mit einem Tsunami überflutet wurde. Nur ein Mensch namens Noah hatte die Gefahr laut Bibel auf dem Schirm - durch seine Beziehung zu Gott. Also hat diese Erzählung doch vielleicht einen wahren Kern zu einer Urerfahrung der Menschen, die in der Bibel für die Nachwelt festgehalten wurde, und nicht nur für den Kindergottesdienst.

Ich traue Gott alle berichteten Ereignisse der Bibel zu. Viele Berichte vor allem im zweiten Teil der Bibel, dem sogenannten neuen Testament, sind sehr gut bezeugt, andere sind 3000 Jahre alt und dabei sehr befremdlich für uns, wie die Noah-Geschichte. Aber es geht bei diesen Berichten gar nicht um das wortwörtliche *Für-Wahr-Halten*, sondern um ihre Bedeutung und ihre Aussagen für uns. Gerade die Geschichte der Sintflut ist brandaktuell, wenn wir an die Klimakrise und das Artensterben denken. Und sie sagt uns, wir sollen eher auf Gott vertrauen als auf unsere eigenen Erfahrungen. Und so ist es mit vielen anderen biblischen Überlieferungen: Josef, der Mann mit Migrationshintergrund, den ich eben schon erwähnt habe, ermahnt uns, Reserven für schlechte Zeiten zu bilden und nicht an ewigen Wohlstand und unerschöpfliches Wachstum zu glauben. Oder Jona, der nach der unfreiwilligen Kreuzfahrt im Magen eines Wales sich doch entschließt, die Stadt Ninive vor der Zerstörung zu warnen. Übrigens, auch hierzu habe ich gelesen, dass in der Tat schon Menschen von Walen verschluckt und wieder ausgespuckt worden sind. Die Wale leben halt vegetarisch …

Der eigentliche Wert der Bibel besteht letztlich aber nicht aus ihrer historischen Wahrheit, sondern aus der spirituellen Qualität ihrer Geschichten. Wir müssen dabei insbesondere die Menschen, die sie aufgeschrieben haben, und ihre Zeit verstehen. Wir wissen, dass den damaligen Schreibern in ihren Überlieferungen eine extrem hohe Sorgfalt wichtig war. Fake News sind eher ein Phänomen der heutigen Welt. Ich bin überzeugt, dass die Bibel, das *Wort Gottes*, vom Geist Gottes gelenkt wurde, der die Verfasser geleitet hat. Und dass dieser Geist mehr

Botschaften in die alten Texte gelegt hat, als wir auf den ersten Blick erkennen können. Ich glaube aber nicht, dass Gott eine Diktierfunktion benutzt hat, mit der er die Autoren verbal inspiriert hat. Gottes Geist ist weitaus größer als ein Diktat es vermag. Mein Fazit: Fragen Sie nicht, ob eine Geschichte in der Bibel exakt so passiert ist, sondern fragen Sie besser, warum sie berichtet wurde und was sie Ihnen sagen will.

Zur zweiten Frage:

- Wer war Jesus – Mensch oder Gott?

Darüber haben viele Theologen lange nachgedacht und sind zum Ergebnis gekommen, dass Jesus sowohl ein Mensch wie auch gleichzeitig Gott gewesen ist. Das ist natürlich schwierig zu verstehen. Jesus war ein Mensch wie wir, er weinte, er hatte Schmerzen und menschliche Bedürfnisse. Er hatte Hunger und trank Wein. Er feierte auf Hochzeiten mit und machte eine Tischlerlehre bei seinem Vater. Er musste sicherlich auch mal hinter einen Baum gehen, da es auch damals beim Wandern keine Toiletten gab. Bei seiner Hinrichtung leidet er unerträgliche Schmerzen und schreit dabei zu Gott. Das ist alles hundertprozentig menschlich. Jesus war kein Halbgott, kein Supermann, der gegen alle Angriffe gefeit war. Und doch sagt uns die Bibel, dass in diesem Menschen Gott selbst zu uns gekommen ist. Jesus erklärt das selbst, in dem er uns den Vergleich von Vater und Sohn anbietet. Er und sein Vater im Himmel sind wie eine Einheit, sagt er uns im Johannesevangelium: »Glaubt mir, dass ich im Vater bin und der Vater in mir.« Dabei ist das Bild des Sohnes Gottes nicht im Sinne einer göttlichen biologischen Familie zu verstehen. Es steht vielmehr für die enge Verbindung, die der Mensch Jesus zu Gott hat, indem er mit ihm eine Einheit bildet. Daraus ergibt sich, dass Jesus eben nicht nur ein Mensch wie du und ich war, sondern dass uns in ihm Gott selbst begegnet. Gott zwängt sich in unsere Rolle und wird daher einer von uns. Er erträgt uns dabei und all das, was wir im Leben ertragen müssen. Und er lässt auch den Tod nicht aus.

So wird Jesus zur Schlüsselfigur in der Bibel. Er ist unsere Brücke zu Gott. Unser Schicksal liegt in seiner Hand, denn Gott hat ihm alle Gewalt gegeben, im Himmel und auf der Erde, so sagt es die Bibel. Das Neue Testament ist nicht sparsam damit, Jesus als den uns liebenden Gott und den Erlöser für uns darzustellen. Das fromme Wort *Erlöser* lässt sich vielleicht so erklären: Das ist jemand, der die Lösung darstellt, der uns loslöst von Bindungen und uns loskauft aus der Knechtschaft unseres Daseins. Darum ist Jesus auch für mich die Zentralfigur des Glaubens. Ohne ihn wäre für mich der Glaube an Gott nicht möglich. Es ist zu kurz gesprungen, in ihm nur einen guten Menschen, einen großen Propheten oder ein humanistisches Vorbild zu sehen. Auch wenn es paradox klingt – Jesus ist ein wirklicher Mensch gewesen und gleichzeitig auch wirklich Gott, der sich so klein gemacht hat, dass er in einem Baby einer ärmliche Familie im Viehstall zur Welt kommen wollte. Damit stellt er unsere hierarchische Weltordnung auf den Kopf und setzt ein völlig unerwartetes Signal: Anders glauben und anders leben ist besser. Ich kann verstehen, wenn Ihnen diese Sichtweisen noch etwas arg phantastisch vorkommen. Dass Jesus als Mensch gelebt hat, gilt als wissenschaftlich erwiesen. Dass Jesus mit Gott gleichzusetzen ist, das kann ich nur glauben.

Aber er hat mir viele Zeichen seiner Gegenwart gegeben, seitdem ich den Weg mit ihm gewagt habe.

Zur dritten Frage:

- Warum soll er für unsere Sünden gestorben sein?

Tatsächlich wurde Jesus an Stelle eines Verbrechers namens Barabbas zum Tode verurteilt. Für dessen Schuld ist er faktisch gestorben. Aber was heißt es, dass er auch für meine Sünden gestorben sein soll? Dazu möchte ich Ihnen den Begriff der *Sünde* etwas näher erläutern, da er meistens sehr moralisch verstanden wird: Sünde als sexuelle Verfehlung oder als Übertretung eines Verbotes. So kennen wir zum Beispiel die Reeperbahn als Sündenmeile oder die Verkehrssünderkartei in Flensburg. Dazu kommt die moralische Erziehung mit dem erhobenen Zeigefinger: *Wenn das der liebe Gott gesehen hat!* Manchmal wird Sünde im Volksmund auch verharmlost: Ich habe gesündigt, weil ich wieder ein Stück Sahnetorte gegessen habe.

Natürlich gibt es gravierende Fehler, die wir Menschen machen, unter denen andere leiden müssen. Dafür gibt es dann ethische Regeln und juristische Gesetze. Der biblische Sündenbegriff ist aber viel tiefgreifender zu verstehen: Das Wort Sünde steht für Zielverfehlung. Er steht dafür, dass der Mensch an seiner eigentlichen Bestimmung vorbei lebt und sich von Gott abgekoppelt hat. Wenn man unsere Welt anschaut, dann wird diese Loslösung von Gott mehr als deutlich.

Eingangs hatte ich ja bereits die alte Geschichte vom Sündenfall angesprochen: Der Mensch, der Gott nicht mehr vertraut und lieber selbst alles in die Hand nehmen will. Und der Gott, der den Menschen darin ernst nimmt und ihm die Freiheit gibt, gottlos zu leben – mit allen Konsequenzen. Es geht also in der Bibel nicht vorrangig um *Sünden*, die der Mensch begeht, sondern um sein Misstrauen gegenüber Gott, das dann zu vielen Fehlern führt. Wie kann dies nur wieder rückgängig gemacht werden? Diese Frage stellte sich auch das Volk Israel zu Moses Zeiten: Man praktizierte damals ein Ritual, den sogenannten Versöhnungstag, an dem ein Ziegenbock stellvertretend für das Volk Israel in die Wüste gejagt und so geopfert wurde. Dieser *Sündenbock* trug sozusagen das Misstrauen und die Zielverfehlungen des Volkes weg und somit war wieder eine Versöhnung mit Gott hergestellt. Unser Begriff des Sündenbocks geht auf diese alte Tradition zurück. Und genau so wurde und wird es ja auch in vielen Religionen gesehen: Durch ein Opfer soll Gott versöhnt werden. Das setzt ein Gottesbild voraus, bei dem ein zorniger Gott auf Satisfaktion wartet, ohne die er seinen Segen zurückzieht. So denkt aber nicht der biblische Gott, der in einem Baby zur Welt kommt und sich foltern und hinrichten lässt. Die Bibel zeichnet einen Gott, der von Anfang an mit viel Geduld und hunderten Versuchen um die Rückkehr der Menschen in seinen Vertrauensraum wirbt. Der schließlich sogar selbst auf die Erde kommt und in Jesus bittet: Lasst euch versöhnen mit Gott. Dessen Liebe ihn sogar bis ans Kreuz bringt und dabei auf dieses alte Ritual des Sündenbocks anspielt: Seht her, ich habe alles getan, dass euch keine Strafe Gottes trifft. Kommt zurück vom Weg, der ins Verderben führt. Ihr könnt Frieden haben mit Gott. Ein für allemal.

Darum ist Jesus damals auch für mich gestorben, damit ich leben kann. Und in der Tat – er ist auch für meine vielen Verfehlungen gestorben, die ich in meinem Leben begangen habe. Wenn ich eines fernen Tages vor Gott stehe und jemand mit dem Finger auf mich zeigt und sagt: Der da hat mich verletzt, der hat da hat mich im Stich gelassen, der da hat mir Hilfe verweigert, der da war nicht bereit zu teilen - und noch 1000 andere Anklagen kommen – dann weiß ich, dass Jesus sagen wird: Und für den da habe ich diese vielen Schulden abgetragen und die Gerechtigkeit wieder hergestellt. Der da gehört jetzt zu mir. Machen wir uns nichts vor: Unser Lebensweg mit all seinen Versagen hat wohl kaum Bestand vor Gott und vor vielen unserer Mitmenschen. Wir sind Barabbas.

Zur vierten Frage:

- Wie real ist die Auferstehung Jesu?

Die Lebendigkeit des ermordeten Jesus zeigt sich vor allem, indem man sich mit seinem Glaubensleben auf ihn einlässt. Darüber habe ich ja bereits geschrieben. In der Bibel ist die Auferstehung zudem an vielen Stellen bezeugt. Es gilt als sicher, dass eine Kreuzigung nicht überlebt werden konnte. Über 500 Menschen sollen Jesus nach seiner Hinrichtung noch einmal getroffen haben. Der Apostel Paulus erwähnt dazu im Brief an die Korinther, dass viele dieser Zeugen noch leben und befragt werden können. Das Ereignis der Auferstehung muss so viel Begeisterung erzeugt haben, dass in wenigen Jahrzehnten eine weite Verbreitung des christlichen Glaubens entstehen konnte, und das trotz aller Widrigkeiten und Verfolgungen. Dies wäre wohl nie einer kleinen Gruppe gelungen, die nur in ihrer Phantasie Jesus wiederbeleben wollte. Ohne eine tiefe Berührung und Betroffenheit durch den Auferstandenen hätte wohl kaum jemand eine 180-Grad-Wendung in seinem Leben erwogen und sich einer neuen jüdischen Sekte angeschlossen, seinen Besitz geteilt und eine massive Unterdrückung hingenommen.

Die Bibel berichtet uns keine physikalischen Details der Auferstehung. Sie ist kein Fantasyroman, der beschreibt, wie das Blut in den Adern wieder zu fließen beginnt. Aber sie beschreibt, dass Jesus in der Art und Weise, wie er nach dem Tod seinen Freunden erschienen ist, tiefe Spuren hinterlassen hat. So wie er es auch noch heute vermag, wenn wir die Begegnung mit ihm suchen. Die Auferstehung hat zudem auch theologisch eine sehr wichtige Bedeutung. Sie zeigt, dass Jesus den Tod besiegt hat und sie gibt uns die Hoffnung, dass wir durch seine Hilfe ebenfalls den Tod überwinden können. Sie zeigt, dass die Ideen des Jesus von Nazareth und seine Mission nicht gescheitert sind, sondern weiterleben und uns zum Leben führen. Zu einem neuen Leben, dass in der Bibel sogar mit einer Neugeburt verglichen wird. Ein neues Leben, dass die alten Ängste und Gefangenschaften hinter sich lassen und in einer neuen Freiheit und Versöhnung mit Gott beginnen kann. In dem nicht mehr die Panik vor dem Altern und Sterben das Leben bestimmt, sondern die Hoffnung auf eine spannende Welt hier auf Erden und später im Garten Gottes.

Zur nächsten Frage:

- Warum lässt Gott dennoch soviel Leid zu?

Hier müssen wir zunächst klarstellen, dass es fast immer der Mensch ist, der für das viele Leid auf der Welt verantwortlich ist. Wenn Sie also eines Tages vor Gott stehen sollten und ihn anklagend fragen wollen: »Warum hast Du das zugelassen?« - dann werden Sie vielleicht zögern, denn er könnte Sie ja dasselbe fragen.

Gott lässt diese Brutalität auch an Jesus zu und greift nicht ein, indem er den Lauf der Welt stoppt und sich allen Menschen spektakulär offenbart. Er offenbart sich in dem Wanderprediger Jesus, allerdings wird Gott darin nur erkannt, wenn man genau hinschauen möchte. Warum er die Welt laufen lässt – ich kann es Ihnen nicht sagen. Vielleicht ist es sein Plan, dass seine wunderbaren Geschöpfe einen freien Willen haben und nicht durch Unterwerfung zu Sklaven Gottes werden müssen. Ich erinnere mich nochmals an die uralte Schöpfungsgeschichte. Darin heißt es auch, dass Gott Menschen erschuf, die ihm ähnlich sein sollten. Also keine willenlosen, unkreativen Wesen.

Aber was ist mit den Naturkatastrophen, mit schlimmen Krankheiten oder Unfällen, die nicht vom Menschen verschuldet sind? Warum müssen solche Leiden geschehen? Es wäre vermessen zu behaupten, ich könnte diese Frage beantworten. Vielleicht müssen wir einsehen, dass – wenn wir nach den Motiven des allmächtigen Gottes fragen – wir uns in einen Denkraum begeben, der unseren Verstand einfach übersteigt. Ich bin mir im Klaren, dass dies kein Trost für Menschen ist, die unter schlimmen Ereignissen leiden müssen oder mussten, egal ob vom Menschen oder durch Naturereignisse verursacht. Ich möchte am liebsten mit ihnen gemeinsam trauern und zu Gott schreien. Gott lässt übrigens auch das zu: In der Bibel wird er nicht selten mit Anklage und Enttäuschung der Menschen konfrontiert. Diesen Zorn der Menschen hält er genauso aus, wie das Leiden am Kreuz. Dort auf Golgatha sehen wir den mitleidenden Gott, den Gott der größten Empathie für alle Leidenden, nicht einen Superhelden.

Manchmal denke ich, es könnte vielleicht so sein, dass unser irdisches Dasein nur wie eine kurze Sekunde im gesamten Weltzyklus ist und daher das Leiden, Altern und Sterben im Vergleich zum großen Ganzen, das Gott für uns bereit hält, nicht so sehr ins Gewicht fällt. Es wird einen Grund für alle Dinge geben, die wir noch nicht verstehen. Eines Tages werden wir staunend erkennen, was der große Plan hinter dieser Welt ist.

Zur sechsten Frage:

- Was geschieht beim sogenannten Endgericht?

Damit wurde mir als Kind manchmal Angst gemacht: *Der liebe Gott sieht alles!* Im Klassenzimmer meiner katholischen Grundschule hing ein Kruzifix, von dem aus Jesus uns Kinder kritisch zu beobachten schien. Man traute sich nicht, dort hinauf zu schauen – und dabei wäre doch das Gegenteil angebracht: Schau auf das Kreuz Christi, denn dort gibt es Trost und Heilung. Wie oft haben Kirchen versucht, mit Hilfe von Angst vor der Strafe Gottes mehr Frömmigkeit und Gehorsam zu erzwingen. Ein befreiender Zugang zu Gott ist jedoch auf diese Weise nicht möglich. Wir sollen nicht aus Furcht vor Gott, sondern aus Begeisterung und Dankbarkeit gläubig werden. Das entspricht genau dem Wesen Jesu: Die Menschen im Herzen zu berühren, die Angst zu überwinden und ihnen eine Liebe zu vermitteln, die zu einer Art Verliebtheit in Gott führen will. Jesus begrüßt seine Leute in der Bibel mit den Worten: *Fürchtet euch nicht*. Sein Gruß lautet nicht: *Still gestanden! Jetzt geht es euch an den Kragen.* Seine Liebe überschreitet alle Grenzen, indem er zu den verachteten Randgruppen geht und sogar einem Verbrecher am Kreuz Vergebung zuspricht.

Und doch sprechen Jesus und zum Beispiel auch der Apostel Paulus mit großem Ernst von einem Endgericht, welches irgendwann stattfinden wird. Im dritten Kapitel haben wir dieses Thema bereits einmal gestreift: Jesus wird die Völker versammeln und *wie ein Hirte die Böcke von den Lämmern scheiden*, so heißt es im Matthäusevangelium, nur die Gerechten werden ins ewige Leben eingehen. Paulus bestätigt das zum Beispiel in seinem zweiten Brief an die Gemeinde in Korinth, indem er ermahnt: *Denn wir alle müssen einmal vor dem Richterstuhl von Christus erscheinen, wo alles offengelegt wird, und dann wird jeder den Lohn für das erhalten, was er während seines Lebens getan hat.*

Vielleicht denken Sie jetzt, dass das nun der Pferdefuß an dem Gerede von der Liebe Christi ist, sozusagen das Kleingedruckte im Glaubensvertrag, in dem die kritischen Dinge stehen, die man gern vor den Kunden zurückhält. Daher fragen Sie sich: Gibt es denn nun das Gericht Gottes oder nicht? - und ich sage Ihnen:

Natürlich gibt es das! Alles andere wäre eine grobe Ungerechtigkeit. Sollte Gott es wirklich ungestraft lassen, wie wir Menschen mit der Erde, mit dem Mitmenschen und mit ihm umgesprungen sind? Wir Menschen sind doch unser ganzes Leben lang nicht selten selbst perfekt im Richten – wollen wir nun auch noch Gott verurteilen, wenn er uns nach unserem Tode genauso behandelt, wie wir es mit anderen getan haben? Am Ende unseres Lebens können wir nichts zu Gott mitnehmen, außer unserer Lebensgeschichte mit ihrem Auf und Ab. Da helfen keine Urkunden und Titel, da nützt kein Besitz noch Ruhm etwas, da gibt es keine Rechtsschutzversicherung mehr. Glauben Sie, dass Sie eine Lizenz zum Leben in Gottes Gegenwart, in seiner Gemeinschaft in der Tasche haben? Bekommen Sie die TÜV-Plakette *mängelfrei* von Gott? - ich glaube es für mich nicht.

Und genau hier setzt die gute Nachricht, das Evangelium an: Jesus selbst stellt diese Gerechtigkeit her, indem er alle diese Leiden auf sich nimmt, die die Menschen ihm zugemutet haben. *Die Strafe liegt auf ihm, damit wir Frieden erlangen können,* so lautet eine Prophezeiung im Jesajabuch im ersten Teil der Bibel bereits etwa 600 Jahre vor Jesu Geburt. Jesus will nicht, dass wir bei Gott am jüngsten Tag durchs Raster fallen, dass wir so behandelt werden, wie wir es selbst oft gegenüber anderen getan haben und daher verdient hätten. Er ringt um uns und wirbt um uns, damit wir zu Gott zurückkehren. Sein Ringen ist dabei kein Zwingen. Es ist die Liebe, die bereit ist bis zum Letzten zu gehen und die Rechnung zu bezahlen, die eigentlich wir verdient hätten. Und wenn Gott irgendwann *das Buch aufschlägt* und mein Fehlverhalten sowie mein Misstrauen gegenüber ihm sichtbar werden, dann wird Jesus sagen: »Das stimmt alles, aber halt, der da hat meine Liebe angenommen, für den habe ich bereits die Schulden bezahlt.«

Die Liebe Christi und das Endgericht sind keine Widersprüche. Gott wird so oder so Gerechtigkeit herstellen, allein schon um die Ungerechtigkeit zwischen den Menschen auszugleichen. Wir können für uns wählen, ob wir das mit Jesus Christus oder ohne ihn wollen.

Was aber ist mit den Menschen, die aufgrund ihrer Biografie auf Abwege gekommen sind oder nie etwas von Jesus gehört haben? Auch diese Frage kann ich nicht zielsicher beantworten. Ich stelle mir aber vor, dass die Liebe Jesu auch diese Menschen irgendwie erfassen wird, denn sie ist einfach zu überfließend, um nicht auch alle Ränder der Menschheit zu erreichen. Ich glaube jedoch auch, dass Gott niemanden zwingt, dieses Geschenk anzunehmen. Wer sich Jesus entgegenstellt, der muss folglich bereit sein, gegebenenfalls auch ohne Anwalt für sein Fehlverhalten vor Gott einzustehen.

Und noch zur letzten Frage aus diesem Kapitel:

- Was erwartet Gott von mir, wenn ich Christ bin?

Dazu möchte ich Sie ins nächste Kapitel mitnehmen und etwas ausführlicher darauf eingehen.

6. Wie soll ich leben?

Christen haben eine Perspektive, die weit über den Tod hinausgeht, in der das irdische Leben letztlich nur eine kurze Episode ist. Wenn ich nur eine endliche Perspektive hätte, bei der nach dem Tod alles aus ist, dann wird meine Sichtweite im Laufe des Lebens immer kürzer. Ich nähere mich unweigerlich meinem Ende und laufe bei dieser Denkweise dem Nichts entgegen. Krampfhaft muss ich folglich aus meinem Leben soviel wie möglich herausholen, und dieser Krampf steigt kontinuierlich an, je älter ich werde und je mehr ich spüre, dass meine Kräfte schwinden und mein Körper abbaut. Viele Menschen fühlen, dass die Zeit mit zunehmenden Alter schneller zu verrinnen scheint, was diesen Kampf um qualitativ hochwertige Lebenszeit noch verschärft. Gelingt es jemanden nicht, die erhoffte Lebensfreude aufzubauen und aufrecht zu halten, weil er sich den Verlieren in der Gesellschaft zurechnet, dann warten mit steigendem Alter Bitterkeit und Depression. Anders ist es aber, wenn meine Perspektive über den Tod hinaus reicht.

Ich muss Sie nun vielleicht etwas enttäuschen: Es folgen in diesem Kapitel keine konkreten Anweisungen, wie man als Christ sein Leben gestalten soll. Keine Vorschläge zu Gebetszeiten, Gottesdienstbesuchen, zur Ethik, zu einem sozialen und nachhaltigen Lebensstil, auch keine Mahnung zum Halten der zehn Gebote. Es gibt nur einen Vorschlag: Leben Sie im Perspektivwechsel. Haben Sie im Blick, dass dieses Leben nur ein Übergangsstadium darstellt. Haben Sie im Blick, was unser Dasein aus Gottes Sicht sinnvoll machen kann, haben Sie im Blick, welche Liebe Jesus Christus uns gezeigt hat. Überhaupt, schauen Sie auf Jesus. Ihr Handeln sollte immer aus dieser Perspektive entstehen: Weil Jesus uns liebt, können wir unser Leben in guter Weise verändern. Nicht umgekehrt: Damit Jesus uns liebt, müssen wir unser Leben verändern.

Im zurückliegenden Abschnitt hatten wir danach gefragt, was Gott von uns erwartet, wenn wir uns als Christen verstehen. Aber eigentlich ist es genau umgekehrt: Was dürfen wir von Gott erwarten, wenn wir Christen sein wollen. Das meine ich, wenn ich Ihnen vorschlage, den Blick auf Jesus zu richten.

Auf diese Weise wird mein Leben frei und sinnvoll. Endlich muss ich nicht mehr krampfhaft um jede Minute kämpfen, um meine Karriere, meine Anerkennung, meinen Wohlstand. Mein Altwerden ist nicht mehr ein Verfallsprozess, sondern wird zum Reifeprozess. Selbst wenn Sie diesen Glauben an Jesus noch nicht so richtig annehmen möchten, können Sie aber doch vielleicht einräumen, dass eine derartige Perspektive im Leben wunderschön sein müsste: Ein unverkrampftes Leben als freier Mensch sollte wirklich helfen, selbst heftige Krisen durchzustehen. Ein Leben mit Sinn statt mit einer unklaren Perspektive, wenn man ehrlich zu sich selbst ist.

Ich behaupte nicht, dass ein Perspektivwechsel hin zum Lebensangebot Jesu einfach ist und immer gelingt. Zu sehr sind und bleiben wir immer noch mit unserer Welt und ihrem Denken verbunden - und das lebenslänglich. Das weiß ich aus meinem eigenen Leben allzu gut. Auch gibt es lange Phasen gefüllt mit Verzweiflung und Enttäuschungen, die es besonders schwer machen, Jesus im Blick zu behalten. Andererseits – es wäre noch viel schlimmer, wenn auch dieser Funke Hoffnung nicht gegeben wäre. Und so kann mir der Glaube helfen, auch Krisen besser durchzustehen. In den Psalmen, den alten Gebeten und Liedern in der Bibel, heißt es an einer Stelle: *Dennoch bleibe ich stets bei dir, denn du hältst mich an deiner Hand (Psalm 73,23).* Gott geht neben uns her, geht mit durch unser Leben und hält uns fest. Und selbst wenn wir zurückschauen und dort nur ein einzelnes paar Fußspuren erkennen können, dann hat er uns in dieser Zeit getragen.

Gerade für solche Zeiten ist es besonders wichtig, seine Existenz möglichst umfangreich aus der Perspektive Gottes sehen zu können. Es gibt einige Hilfestellungen dabei, diesen Perspektivwechsel mehr und mehr zu erreichen:

1. Suchen Sie die Gemeinschaft und den Dialog mit anderen Christen.

Die Bibel vergleicht die Gemeinde mit einem menschlichen Körper, an dem unterschiedliche Glieder mit verschiedenen Aufgaben zusammenwirken. Sie nennt es den *Leib Christi*. Dies ist ein sehr schönes Bild, da es deutlich macht, dass alle Gläubigen zusammenhängen – untereinander *und* an Jesus Christus. Die Gemeinde bildet einen Korpus, keine isolierten Glieder. Auch enthält dieser Vergleich den lebenswichtigen Zusammenhalt mit Jesus. Christen sind keine entfernten, losgelösten Existenzen von Gott und den anderen Gläubigen. Sie sind nicht auf sich allein gestellt. Sie verkörpern gemeinsam mit Jesus sozusagen eine neue Kreatur. Daher ist der Glaube auch keine Privatsache, die sich im stillen Kämmerlein allein erleben lässt. Das wäre so, als wenn ein Körperteil chirurgisch entfernt wird und dann allein weiter leben soll, was nicht möglich ist. Umgekehrt fehlt dieses Körperteil dann auch am Leib. Der Körper ist nicht mehr voll funktionsfähig und wird nicht mehr von dem fehlenden Organ unterstützt.

Daher ist es so wichtig zu verstehen, dass Christen auf Gemeinschaft angelegt sind. Dabei sind diese Körperteile aber alle durchaus sehr unterschiedlich. Manchem wäre es vielleicht lieber, wenn alle Gemeindeglieder nahezu gleichartig wären. Aber was wäre das für ein Körper, der zum Beispiel nur aus Bizeps besteht? Oder nur aus Füßen? Oder nur aus … - das überlasse ich jetzt mal Ihrer Phantasie. Auch im *Leib Christi* gibt es daher eine Vielfalt von Funktionen: Sinnesorgane, reinigende Organe, Transportorgane und vieles mehr. Das macht das Zusammenwirken in diesem Körper so spannend: Wo sonst kommen schon derart unterschiedliche Menschen zusammen, die aber durch einen gleichartigen Spirit verbunden sind? Vielleicht können wir ein wenig erahnen, wie wertvoll diese Gemeinschaft sein kann, nicht nur um in Glaubensfragen zu wachsen oder über Sorgen zu sprechen, sondern auch als Lernfeld und Entdeckungsreise für unsere eigene Persönlichkeit!

Ich will nicht verheimlichen, dass diese unterschiedliche Gruppe von Menschen manchmal auch anstrengend sein kann: *Du Mund, wenn du immer so laut bist, bekommen wir Ohren Kopfschmerzen.* Aber letztlich funktioniert wohl jede Entwicklung nur auch mit Anstrengung, mit Lernbereitschaft und Geduld. Wenn ich mich weiterentwickeln will, wird das wohl kaum gehen, indem ich mich in meinen Lebenswelten und Sichtweisen konserviere und von anderen isoliere. Das heißt aber auch für Christen: Zum *Leib Christi* zu gehören setzt Lernbereitschaft voraus. Was dabei tröstlich ist: Ich muss nicht perfekt sein. Dieser Leib wächst erst langsam zusammen, vor Ort und weltweit. Jesus hat besonders diejenigen um sich gesammelt, die ganz und gar nicht perfekt waren, weder in der Gesellschaft - noch im Glauben. Zweifeln und Versagen ist erlaubt. Körperglieder dürfen auch mal müde werden.

Um im Glauben zu wachsen ist es daher wichtig, den Kontakt zu einer Gemeinde zu suchen. Der Besuch eines Gottesdienstes ist dabei nicht unbedingt die einzige Wahl, denn da findet ja häufig kaum ein Dialog mit anderen Besuchern statt. Manche Gemeinden bieten jedoch Gottesdienste an, die nicht so schwer verständlich sind und mehr Kontaktmöglichkeiten enthalten. Vielleicht finden Sie ja eine Gemeinde, die zu Ihnen passt, je nachdem, welche Inhalte, welche Musik oder welche Rahmenbedingungen Sie ansprechen. Möglicherweise gibt es auch Gruppen oder Veranstaltungen, zu denen Sie darüber hinaus gehen können. So können Sie die Menschen kennenlernen, die zu Ihrer Gemeinde gehören.

Im Dschungel der großen Konfessionen und Freikirchen gibt es sehr viele verschiedene Ausprägungen und Glaubensrichtungen. Erste Informationen kann man sehr gut im Internet finden: Passt diese Ausrichtung zu mir? Würde ich mich da oder dort vielleicht willkommen fühlen? Gerade als Neu- oder Wiedereinsteiger ist es wichtig, dass die Menschen und der Stil dort zu mir passen und ich Anknüpfungspunkte erkennen kann, die mich neugierig machen.

Viele Menschen haben zum Beispiel nach einem Umzug in eine andere Stadt oder nach dem Einritt in einen neuen Lebensabschnitt den Anschluss an ihre bisherige Gemeinde verloren. So ging es uns auch, als meine Frau und ich auf einmal in Düsseldorf gelandet waren und in einer fremden Stadt neu beginnen mussten. Damals gab es kaum Webseiten von Gemeinden und es hat lange gedauert, wieder Anschluss zu finden. Ich erinnere mich aber noch, wie glücklich ich war, endlich eine Gemeinde gefunden zu haben, in der ich mich sofort wohlfühlte. Dort waren nämlich viele Familien unserer Altersgruppe in den Veranstaltungen. Auch das kann wichtig sein: Dass die eigene Lebensphase in der Gemeinde gut vertreten ist.

Vielleicht noch eine Bemerkung um Missverständnissen vorzubeugen: Die christliche Gemeinschaft, von der ich spreche, sollte die Breite des Lebens abdecken. Von den ersten Christen berichtet die Bibel, dass sie eine enge Lebensgemeinschaft führten. Es ging damals also nicht nur um spirituelle Themen, sondern auch darum, Freundschaft untereinander aufzubauen: Miteinander Essen und Feiern, sich helfen, auch zusammen trauern. Und natürlich auch gemeinsam beten, über Bibeltexte und den Glauben reden. So entsteht eine neue Art Familie. Nicht umsonst reden die Christen oft von Schwestern und Brüdern. Aber es sollte halt nicht nur beim Reden bleiben.

Fassen wir zusammen und gestatten Sie mir es deutlich zu sagen: Ohne Gemeinschaft mit anderen Christen bleiben Ihre Glaubensversuche auf verlorenem Posten. So wie eine einzelne Kohle bald aufhört zu glühen, wenn sie nicht mehr direkt bei den anderen im Feuer liegt.

2. Suchen Sie das Gespräch mit Gott.

Der Gott der Bibel ist ein Gott, der seine Menschen sucht. Der ihnen Zeichen seiner Gegenwart gibt, der zu ihnen durch Propheten und andere berufene Menschen redet und der nicht zuletzt mit Jesus selbst einer von uns wird und den Kontakt zu uns sucht. Und mehr noch als das: Denn Jesus hat auch schlimmstes menschliches Leid ertragen um uns zu zeigen: Ich suche euch – lasst euch doch endlich wieder mit Gott versöhnen!

Gott wird uns wie eine Mutter oder ein Vater vorgestellt, die alles unternehmen um ihre Kinder zu schützen. Sollten wir dann nicht auch zu Gott reden, so wie es Kinder mit ihren Eltern tun? Gott möchte, dass wir unsere Gedanken und Worte an ihn richten. Die Figuren der Bibel leben das vor, es gibt hunderte solche *Gebete* in den biblischen Texten. Aber *warum* möchte Gott das? Weiß er nicht sowieso bereits, was wir denken und was unsere Seele beschäftigt? Ja, das stimmt sicherlich. Und dennoch glaube ich, dass es einige gute Gründe gibt, Gott sein Herz auszuschütten:

Weil es gut für uns selbst ist:
Wir ordnen unsere Gedanken besser und können sie dann auch bewusster an Gott im Gebet abgeben. Es ist gut sich so auf Gott auszurichten. Das entlastet unsere Seele.

Weil es gut für unseren Glauben ist:
Wir pflegen schon jetzt das Gespräch mit unserem Vater bzw. unserer Mutter im Himmel, in der übergeordneten Welt, so wie es eines Tages für uns ganz normal sein wird. An dieses Zusammenleben mit Gott glauben wir schließlich!

Weil Gott sich Kinder und nicht Vasallen wünscht:
Die Erde ist nicht die Modelleisenbahn Gottes. Er sieht uns nicht als Labortiere an, die zur Verhaltensforschung beobachtet werden. Er hat uns als Gegenüber erschaffen.

Vielleicht noch ein paar Worte dazu, was in ein solches Gespräch mit Gott *nicht* hineingehört: Aber da fällt mir nicht viel ein – außer vielleicht: Unehrlichkeit. Ihm kann ich wirklich alles sagen, da gibt es keinen *Gebetsknigge*. Ich kann reden, so wie mir der Schnabel gewachsen ist. Ich kann brabbeln wie ein Kind. Ich kann danken, ich kann ihn bitten, ich kann ihm Fragen stellen, ich kann vor ihm weinen und sogar schimpfen. Ja, auch das ist möglich: In der Bibel reden Menschen zu Gott mit massiven Anklagen. Daher passt das Bild der Eltern so gut. In diesem Vertrauensverhältnis kann alles gesagt werden.

Dementsprechend bedarf es auch keiner besonderen Form, wenn man betet. Allerdings kann es sehr hilfreich sein, für sich eine gewisse Ordnung oder ein helfendes Ritual dabei anzustreben.

Es geht ja nicht um Selbstgespräche, sondern um ernstgemeinte, bewusste Botschaften, die ich an *Gott* richten möchte. Dazu benötige ich schon eine innere Haltung, Konzentration und Ruhe. Aber beim Beten ist grundsätzlich vieles möglich: Laut oder in Gedanken, auf Knien oder beim Wandern, in der Kirche oder im Auto, mit vorgegebenen Gebeten oder frei formuliert. Was das Beten nicht ist: Es ist keine *Deutschstunde*, in der es auf perfekte Sätze ankommt. Und es ist vor allem keine Pflichtübung, die möglichst oft *runtergeleiert* werden muss, damit sie auch wirkt.

Und wie soll ich *ihn* ansprechen? - wird vielleicht mancher von Ihnen fragen. Ich habe in den vorigen Absätzen oft ganz allgemein von Gott gesprochen. Manche Christen sagen dazu himmlischer Vater, was auch gut möglich ist. Teilweise ist auch das Beten zu sogenannten Heiligen verbreitet, zum Beispiel zu Maria: *Mutter Maria, bete für uns.* Ich weiß nicht, was Ihnen da am leichtesten fällt, aber ich empfehle Ihnen, direkt den anzusprechen, der unser Bruder geworden ist und der als unser Retter auf die Erde gekommen ist: Jesus Christus. So lebe ich es. Ich spreche in meinen Gebeten sehr oft Jesus an, weil er mich in der Bibel am meisten angesprochen hat. Mit seinem Reden und Handeln. Manchmal bete ich auch zum himmlischen Vater, aber dann stellt sich mein Kopfkino einen entfernten, alten Mann mit weißem Bart vor, zu dem meine Gebete aufsteigen. Mit Jesus kann ich - wann immer ich es möchte - direkt wie mit einem Freund sprechen, in Echtzeit.

Jetzt habe ich die ganze Zeit vom *Gespräch mit Gott* geschrieben und bin noch gar nicht darauf eingegangen, wie er uns denn antworten kann. Ist das Beten nicht eine zugegeben sehr einseitige Angelegenheit?

Auch wenn ich selbst noch nie eine Stimme aus dem Himmel beim Beten gehört habe, gibt es vielfältige Wege, wie Gott uns antworten kann: Durch kleine Zeichen oder Begegnungen, durch neue Erfahrungen oder durch Trost. Ein ganz wichtiger Trost ist: Er hat ja bereits in circa 750.000 Worten zu uns geredet, denn so viele Worte befinden sich in der Bibel.

Aber zum Thema Beten steht für mich fest: Eine sprachlose Gottesbeziehung ist für mich genauso unsinnig wie eine sprachlose Liebesbeziehung. Daher möchte ich Sie ermutigen: Reden Sie mit Jesus.

3. Lassen Sie sich mit den Texten der Bibel trösten.

Die Bibel ist ein dickes Buch, das aus einer Sammlung von vielen einzelnen Büchern besteht, die zu ganz unterschiedlichen Zeiten entstanden sind und von verschiedenen Menschen aufgeschrieben wurden. Daher eignet es sich nicht für ein Durchlesen von der ersten bis zur letzten Seite, so wie es bei Romanen oder durchkonzipierten Sachbüchern der Fall ist. Das wäre ohne tiefere Kenntnisse der biblischen Texte sehr anstrengend und wenig hilfreich, da es zu vielen Missverständnissen führen kann. Hinzu kommt: Alle Texte sind sehr alt und entstammen der Lebenswelt im Orient vor 2000-3000 Jahren. Also muss der heutige Leser sich erst einmal in diese Denkweisen und das Zeitalter der Römer, Griechen und insbesondere der damaligen Juden einfinden: Warum wurde das genau so aufgeschrieben, wie war die Situation des Verfassers und was wollte er mit seinem Text beabsichtigen? Es würde dieses Kapitel nun vollkommen sprengen, wenn ich Ihnen hier viele Hintergründe zur Entstehung und zum Aufbau der Bibel, zu geschichtlichen Zusammenhängen oder zum Textverständnis zusammenstellen würde. Dazu gibt es viele darauf spezialisierte Bücher, die auch für Normalverbraucher verständlich sind. Vielleicht können Sie solche Fragen ja auch in der Gemeinde klären, die Sie aufsuchen wollen.

Für Einsteiger ist es vielleicht sinnvoll, mit einem der vier Evangelien anzufangen und auf eine Bibel zurückzugreifen, die in heutigem Deutsch verfasst ist. Die Bibel ist kein geplantes Autorenwerk, in dem alles in sich stimmig und aufeinander aufbauend erklärt wird, damit es ein schönes logisches Buch für die heutigen Christen wird. Sie ist vielmehr eine seriöse Sammlung von spirituellen Fragmenten, die Zeitzeugen aus einem festen Glauben heraus in ihren Texten verfasst haben.

Allerdings möchte ich Sie keineswegs abschrecken die Bibel in die Hand zu nehmen, ohne vorher eine Gebrauchsanleitung gelesen zu haben. Ich möchte Sie vielmehr darauf einstimmen, dass gerade dieses Alter und diese Verschiedenheit der biblischen Texte es ungemein spannend macht, sich damit zu beschäftigen und sich davon anregen und trösten zu lassen. Auch wenn ich viele Texte einfach immer noch nicht verstehe, entdecke ich mehr und mehr wunderbare Schätze, die trotz ihres Alters auch heute noch hochaktuell sind und in mein Leben hinein sprechen. Das ist mir persönlich besonders in einem Projekt deutlich geworden, bei dem ich über mehrere Jahre das

Lukasevangelium komplett Satz für Satz in die heutige Zeit übertragen habe[1] – und das hat funktioniert!

So sind zum Beispiel noch viele der Geschichten hochaktuell, die Jesus vor 2000 Jahren erzählt hat, wenn man sie auf unsere Lebenswelt überträgt. In etlichen dieser Geschichten geht es um das Thema Gerechtigkeit, etwa *das Gleichnis vom reichen Kornbauern,* der nur darauf aus ist gierig Schätze zu horten, dann aber plötzlich sterben muss. Auch gibt es viele Trostworte, die mir direkt ins Herz sprechen: *In der Welt habt ihr Angst, aber schaut mal, ich habe die Welt überwunden,* sagt Jesus zu seinen sorgenvollen Freunden. Oder Berichte, in denen Jesus sich schützend vor bedrohte Menschen stellt: *Wer von euch ohne Schuld ist, der werfe den ersten Stein,* sagt er zu einem wütenden Mob, der eine Frau wegen Ehebruchs lynchen will, und alle lassen ihre Steine fallen und ziehen wieder ab. In diesen Texten spürt man, dass hier der *Geist Gottes* am Werk war und nicht nur ein antiker Schreiber, dessen Text zufällig die Jahrhunderte überlebt hat. Zum Wahrheitswert der Bibel hatte ich Ihnen ja bereits einige Gedanken im fünften Kapitel nahegelegt.

Die Bibel ist eine unermesslich reichhaltige Quelle, aus der Gott zu uns reden möchte. Daher ist es nicht nur spannend, sondern auch zwingend wichtig, seine Ohren und sein Herz für die Worte Gottes zu öffnen. Für das Bibellesen gibt es ein Vielzahl von Hilfsmitteln, zum Beispiel Lesepläne für jeden Tag, auch mit Erläuterungen. Eine gute Auswahl finden Sie zum Beispiel beim Bibellesebund: *shop.bibellesebund.de*

---

1) „Das Lukas-Manuskript“ – die Geschichte von Jesus Christus übertragen in die heutige Zeit – ISBN 978-3-7529-4170-8

Als sehr gut verständliche Bibel möchte ich Ihnen das Buch *Willkommen daheim* empfehlen, eine Übertragung des Neuen Testaments, die den Verstand überrascht und das Herz berührt (ISBN 978-3-86591-481-1). Sie lässt sich flüssig wie ein Roman lesen und bleibt dabei eng am Originaltext.

4. Entwerfen Sie für sich einen neuen Lebensrhythmus und finden Sie für sich neue Ziele.

Für die ersten Christen war vor 2000 Jahren die Entscheidung für eine Nachfolge Jesu mit einer radikalen Veränderung ihres Lebens verbunden. Es war nicht möglich, der neuen Glaubensüberzeugung *in Teilzeit* nachzugehen oder sie im stillen Kämmerlein zu leben. Sie gehörten jetzt einer Gruppierung an, die im Widerspruch zur übrigen Gesellschaft stand und ständig mit Unterdrückung oder Verfolgung rechnen musste. Das hat sich auch bis heute in sehr vielen Teilen der Erde nicht geändert. In der westlichen, christlich geprägten Welt erleben wir hier eine Ausnahmesituation, aber wohl nicht den Regelfall. Eine Entscheidung für Jesus bedeutet für den Großteil der Erdbevölkerung ein erhebliches Risiko für ihre Entwicklungsmöglichkeiten oder gar ihr Leben. Umso bemerkenswerter ist es, dass gerade dort Gemeinden wachsen und Menschen sich für ein neues Leben im Glauben entscheiden.

Also haben wir es in Deutschland zum Glück leichter? Diese Frage würde ich nicht unkommentiert mit einem klaren Ja beantworten. Natürlich können wir sehr dankbar sein, dass bei uns die Religionsfreiheit gesetzlich verankert ist. Andererseits macht es das den Christen bei uns auch schwerer, mit ihrer

Botschaft im Kontrast zu Fehlentwicklungen der Gesellschaft zu stehen. Die großen Kirchen werden zunehmend als veraltet wahrgenommen, der christliche Glaube wird immer stärker säkularisiert und auf Weihnachtsgefühle, Hochzeiten in Weiß oder soziale Projekte reduziert. Die Konturen des Christentums verwischen zunehmend und es gibt im religiösen Spektrum ein Überangebot von Optionen. Das macht es uns schwerer, als Christen einen Perspektivwechsel vorzunehmen und eine Orientierung für die eigenen Lebensführung zu erhalten. Allzu leicht passiert es dann, im religiösen Mainstream mit-zuschwimmen und ein bisschen Christ zu sein, jedoch ohne spürbare Auswirkungen auf das eigene Leben, aber eben auch ohne positive Auswirkungen.

Umso wichtiger ist es, dass Sie für sich überlegen, was Sie an Ihrem Leben ändern möchten. Dabei kann es hilfreich sein, einmal eine *innere Inventur* der letzten Monate oder Jahre zu machen und sich zu überlegen, was an guten und schädlichen Aspekten in der eigenen Biografie vorhanden ist, was fehlt und was verändert werden muss. Ein Maßstab dafür kann die Frage sein: *Was hätte Jesus getan?*

Um es etwas konkreter zu machen, möchte ich im Folgenden einige Beispiele dazu nennen. So kann es sehr hilfreich sein, sich einen neuen Lebensrhythmus zu geben: Wann und wie möchte ich täglich beten? Wann lese ich in der Bibel und was hilft mir beim Verstehen? Welche Veranstaltungen oder Gottesdienste möchte ich wöchentlich besuchen? Zu welchen anderen gläubigen Menschen will ich regelmäßig Kontakt halten?

Ein anderes Ergebnis der inneren Inventur kann sein, dass es da etwas gibt, das noch aufgeräumt werden muss. Zum Beispiel ein dickes Paket im schlechten Gewissen oder ein Lebensschicksal, das noch nicht ausreichend verarbeitet ist. Es ist gut, diese Dinge abzuschließen und sich von solchen Lasten zu befreien. Ein Anfang dazu ist es, sie Jesus im Gebet zu sagen und sie ihm abzugeben. Manchmal ist dann auch noch eine professionelle Hilfe erforderlich.

Interessant ist auch die Frage: Wozu bin ich da? Was könnte mein Auftrag sein, um ein erfülltes Leben zu erleben? Wo möchte ich Akzente in der Welt setzen? Bei all diesen Überlegungen ist es natürlich wichtig, dass Sie sich nicht zu viel vornehmen und dann frustriert merken, dass es nicht leistbar ist. Entscheidend ist jedoch, im Perspektivwechsel zu bleiben und den Blick auf Jesus und das, was uns von ihm überliefert ist, zu richten.

7. Wann soll ich anfangen?

Sicherlich vermuten Sie die Antwort auf dies Frage schon. Wie in jedem Ratgeberbuch lautet sie natürlich: Heute noch! Aber damit möchte ich dieses Kapitel nicht auf die Schnelle beschließen, sondern über das *Wann* nicht nur zeitlich nachdenken. Die tiefere Frage lautet: Was sind gute Voraussetzungen, um sein Leben erstmals oder wieder neu mit einem lebendigen Glauben an Jesus weiterzuleben? - Da wäre zunächst einmal Ehrlichkeit vor sich selbst als Voraussetzung zu nennen. Es geht nicht darum, anderen gefallen zu wollen, die bereits in diesem Glauben unterwegs sind. So gesehen ist es gut, dass Sie dieses Buch für sich allein lesen können und sich nicht bedrängt dabei fühlen müssen, etwa durch eine kirchliche Gruppe, Freunde oder Familienangehörige. Bei diesem Bedrängen geht es aber nicht nur um Christen, die Sie mit in ihr Boot holen wollen, sondern umgekehrt auch um Nichtchristen, die Sie vielleicht belächeln, wenn Sie auf einmal *fromm* werden. Ich denke dazu, echte Freunde oder liebevolle Verwandte sollten jegliche persönliche Entscheidung von Ihnen respektieren. Auch ich akzeptiere es voll und ganz – wobei ich die Leser dieses Buches in der Regel nicht kenne – wenn jemand zu einer anderen Entscheidung kommt und meinen Glauben nicht teilen möchte. Das ist allein Ihre Sache. Daher geht es eben auch um Ehrlichkeit vor sich selbst und den anderen, und niemand kann und soll Sie von der Verantwortung entbinden, wie Sie Ihren Glauben definieren wollen. Im Übrigen finde ich es sehr respektierenswert, wenn jemand zu einer Entscheidung dazu kommt, statt ihr dauernd auszuweichen und in seiner Ausrichtung unklar zu bleiben.

Eine andere gute Voraussetzung für den Start oder Neubeginn im Glauben ist es, wenn dieser wohlüberlegt erfolgt. Also zum Beispiel nicht aus einer flüchtigen Emotion heraus, etwa einem schönen Erlebnis in einem tollen Gottesdienst oder nach einem christlichen Event. Ein kurzfristiges Hochgefühl wird oft nicht reichen, um uns auch durch spätere Krisen zu tragen.

Eine Entscheidung für Jesus heißt natürlich auch nicht, dass erst alle Fragen restlos geklärt sein müssen. Das wäre nicht einmal nach einem jahrelangen Theologiestudium der Fall. Letztlich bleiben wir alle unser Leben lang auf der Suche und sind Lernende in Glaubensdingen, egal wie fromm, bibelfest und glaubenserfahren wir schon sind. Es gibt im christlichen Glauben, so wie ich ihn verstehe, kein Stufensystem, keine Entwicklungsniveaus, die man erreichen muss um in ein höheres geistliches Bewusstsein zu gelangen. *Der Geist Gottes weht wo er will*, so heißt es im Johannesevangelium, wir können ihn nicht einfangen, konservieren oder verstärken. Damit ist jeder Christ, egal wie lange er schon gläubig ist und egal wie theologisch gebildet er ist, vor Gott gleich wertvoll und wichtig. Alle sind sozusagen Priester und Heilige, egal ob in Lumpen, im Talar oder auf einer Ikone. Egal ob Frau oder Mann. Egal ob Kind oder Greis. Das ist für mich eine der herausragenden Eigenschaften des Glaubens an Jesus: Du zählst als Person und nicht aufgrund deiner Eigenschaften. Leider wurde dies in der Kirchengeschichte oft anders gesehen, als Jesus es vorgelebt hat.

Wie kann ein wohlüberlegter Schritt in einen neuen Lebensabschnitt mit neuem Glauben erfolgen? - Zu dieser Frage möchte ich Ihnen im Folgenden noch einige Ideen mitgeben.

Wir erleben den Gott der Bibel als einen Gott, der die Beziehung zu den Menschen sucht. Das fängt bei der Schöpfungsgeschichte an, geht über unzählig viele Personen aus seinem Volk in den biblischen Überlieferungen und mündet schließlich bei Jesus Christus. In *ihm* wird der Wunsch Gottes nach Beziehung zu den Menschen nochmals gesteigert, in dem er uns selbst als Mensch begegnet. Mehr geht nicht. Jesus ist derjenige, der physisch dort ist, wo die Not am Größten ist. Er sieht die Menschen an, er hört ihnen zu, er berührt sie und er spricht zu ihnen Trostworte und Wahrheit. Darum ist Jesus auch *der* entscheidende Zugangsweg zum Glauben. Er hat einmal von sich selbst gesagt: *Ich bin die Tür. Wenn jemand durch mich hineingeht, so wird er gerettet werden* (Johannes 10,9).

Stellen Sie sich vor, Sie möchten in ein neues, Ihnen noch nicht so vertrautes Gebäude kommen und suchen den Eingang. Dann suchen Sie nicht nach dem Kamin oder den Kellerschächten, sondern nach einer Tür. Solch eine Tür ist Jesus für den Glauben. Gott hat sie eingebaut, um den Zugang zu erleichtern. Der Weg über den Keller oder das Dach ist vielleicht nicht unmöglich, aber weitaus umständlicher. Ich weiß nicht, was Sie von diesem *Haus des Glaubens* schon gehört haben. Es kann aber durchaus sein, dass noch niemand Sie zur Tür begleitet hat. Vielleicht wurde Ihnen nur die Fassade vorgestellt, also christliche Äußerlichkeiten. Vielleicht wurde Ihnen sogar vermittelt, dass man ohne besondere Eintrittskarte dort nicht hineinkommen kann, eine geschlossene Gesellschaft sozusagen, oder dass der Weg zur Tür beschwerlich ist. Manchmal erkenne ich auch, dass christliche Kirchen es fasst schon vergessen haben, wo der Eingang zum Glauben liegt und gar nicht mehr so richtig darauf hinweisen. Weil es nicht dem Zeitgeist entspricht, über die zentrale Rolle von Jesus zu sprechen. Aber es ist nun mal so und wird in den Überlieferungen aus den Evangelien und den ersten christlichen Gemeinden hundertfach bezeugt: *Jesus ist die Tür*. Es ist nicht schwer, diese Tür aufzusuchen. Durch diese Tür zu gehen heißt nichts anderes, als eine *persönliche Beziehung* zu Jesus aufzubauen. So wie die Menschen damals, die ihn als Freund erlebt haben. Jesus sucht diese Beziehungen auch heute noch zu jedem einzelnen Menschen. Er wird in der Bibel als *der gute Hirte* beschrieben, der allen Schafen nachgeht, die sich verlaufen haben. Dabei zählt jedes einzelne Schaf – egal wie dick, wie gefärbt oder wie störrisch - und nicht nur die Gruppe als Ganzes. *Der gute Hirte lässt sogar sein Leben für die Schafe* (vgl. Johannes 10,11).

Eine persönliche Beziehung zu Jesus fängt damit an, dass Sie mit ihm sprechen. Ein solches Gebet sollte tief aus Ihrem Herzen kommen. Es könnte zum Beispiel so aussehen:

> *Jesus Christus, ich gebe zu, ich habe noch viele Zweifel daran, dass du mich jetzt hörst. Aber ich will dich bitten, dass du mir aus diesen Zweifeln hilfst.*
>
> *Wenn es dich gibt, dann möchte ich zu dir gehören und dich bitten, dass du mein Leben heil machst.*

Ich bin in meinem Leben viele Irrwege gegangen und möchte dich um Vergebung und Befreiung von diesen alten Lasten bitten.

Ich will dir für alles danken, was du für mich getan hast, auch wenn ich vieles davon noch nicht verstehe.

Zeige mir Wege auf, wie es mit meinem Glauben an dich weitergehen kann. Ich wünsche mir so sehr, deine Gegenwart erfahren zu können.

Das ist mein fester Wille (=Amen)

Ich habe erlebt, dass Jesus und seine Botschaft Menschen zu polarisieren vermag. Da gibt es die einen, die sich schnell abwenden und sich von den Geschichten rund um Jesus provoziert fühlen. Da gibt es aber auch die anderen, die Jesus lieb gewinnen. So war es bei mir, als ich noch Jugendlicher war. Seine Worte und seine Taten haben mich im tiefsten Inneren getroffen und angesprochen. Sie waren Balsam für meine Seele und haben mir immer mehr die Augen geöffnet, diese Welt zu verstehen und Gottes Haus zu erkunden. Ich freue mich darauf, dieses Gebäude immer tiefer kennenzulernen mit allen Wundern und Überraschungen, die es noch enthalten wird. Ihnen möchte ich wünschen, dass auch Sie diesen Schritt gehen können, die Schwelle zur Tür erreichen und Eingang zum Glauben finden, sei es erstmals oder wieder neu. Jesus sagt Ihnen zu:

Wer zu mir kommt, den werde ich nicht hinausweisen. (Johannes 6,37)

Nachwort

Suchst Du noch oder lebst Du schon? Mit diesem Titel verbinde ich verschiedene Gedanken: Ist unser Leben eine ständige Suche, die eigentlich niemals richtig zur Ruhe kommt? Da steht zum Beispiel für manche Menschen die Suche nach Karriere und Anerkennung im Mittelpunkt. Oder die Suche nach einem geeigneten Lebenspartner. Vielleicht die Suche nach einem besseren Arbeitsplatz oder einer geeigneten Wohnung. Manchmal denke ich, dass der Mensch vielleicht von Geburt an als Suchender angelegt ist, der nach Wachstum, Einfluss und Wohlstand strebt. Ich kenne nur wenige Leute – und wenn dann nur sehr alte – die von sich sagen: Ich bin zufrieden, so wie es jetzt ist. So lebe ich, und so soll es bleiben. Der Normalfall scheint mir diese Rastlosigkeit zu sein, die viele von uns antreibt, vielleicht auch ohne, dass dies bewusst geschieht.

Manchmal denke ich: Das Leben gleicht oft einer Tombola, bei der ein Hauptgewinn gesucht wird, aber häufig nur Nieten gezogen werden. Und wenn es ein Trostpreis oder ein kleiner Gewinn ist, dann tritt nicht automatisch Zufriedenheit ein, es hört die Suche nach *Mehr* dennoch nicht auf.

Bei einigen Menschen führt die ständige Suche sogar zur Sucht. Diese Wortähnlichkeit ist so gesehen nicht nur zufällig: Habsucht, Eifersucht, Selbstsucht, Spielsucht – wir finden im Wörterbuch dutzende weitere Ausprägungen von Suchen, die in die Sucht übergegangen sind. Mit diesem Buch möchte ich eine andere, bessere Sucht bei Ihnen wecken: Die Sehnsucht. Eine Sehnsucht, die sich ein erfülltes Leben wünscht. Meinen persönlichen Weg mit dieser Sehnsucht habe ich Ihnen vorgestellt – mein Vertrauen auf Jesus Christus - und es wäre vermessen von mir zu sagen, dass ich ihn bereits vollständig gegangen bin. Dafür ist ein Leben vermutlich zu kurz. Aber dennoch führt diese Sehnsucht für mich immer mehr zu einem sinnvollen und gestärkten Leben. Das Suchen nimmt ab und das Finden wird immer umfassender.

Der Gott der Bibel will nicht verborgen bleiben. Er will sich finden lassen. Dazu müssen wir ihn aber bewusst suchen, denn er drängt sich uns nicht auf.

Sucht mich, so werdet ihr leben –

dieser Bibelvers des Propheten Amos (Kap. 5,4) wäre auch ein geeigneter Titel für mein Buch, nur etwas anders formuliert. Das ist Gottes Zusage an uns, darauf ließ er sich festnageln, auf Golgatha.

Anhang: Wie die Suche weitergehen kann

Wenn Sie sich weiter mit dem Glauben an Jesus Christus befassen wollen, dann können Sie zum Beispiel

- ➔ unterstützende Hilfestellungen hinzunehmen, zum Beispiel Bücher über den Glauben oder Bibellesepläne, die Ihnen helfen, die wichtigsten Passagen systematisch kennenzulernen, und das in einer sinnvollen Reihenfolge. Solche Hilfen finden Sie zum Beispiel im Shop des Bibellesebundes im Internet (*shop.bibellesebund.de)* oder in christlichen Buchläden.

- ➔ Oder Sie suchen eine Gemeinde, die einen Gesprächskreis zu Glaubensfragen anbietet – was aus meiner Sicht der beste Weg ist.

- ➔ Für den Einstieg ist eine Bibel in heutigem Deutsch sinnvoll, zum Beispiel die *Hoffnung für alle*. Als sehr gut verständlich möchte ich Ihnen auch besonders das Buch *Willkommen daheim* empfehlen, eine Übertragung des Neuen Testaments, die den Verstand überrascht und das Herz berührt - ISBN 978-3-86591-481-1.

- ➔ Wenn Sie ein Evangelium einmal ganz anders kennenlernen möchten, empfehle ich Ihnen sehr gern mein erstes Buch: *Das Lukas-Manuskript* – die Geschichte von Jesus Christus übertragen in die heutige Zeit – ISBN 978-3-7529-4170-8.

  Für den tieferen Einstieg in einige Bibeltexte eignet sich meine Sammlung von Bibelarbeiten und Predigten: *Bibelkärchern leicht gemacht* – ISBN 978-3-7541-1446-9.

Zur Entstehung dieses Buches

Dieses Buch ist nicht mit dem Anspruch entstanden, den christlichen Glauben theologisch umfassend zu beschreiben. Auch soll es nicht den Anschein erwecken, alle Wahrheiten gepachtet zu haben. Es ist vielmehr aus dem Wunsch heraus entstanden, Menschen in der heutigen Welt auf eine neue Art und Weise mit dem Glauben an Jesus Christus vertraut zu machen und ihnen zu helfen, ihren Glauben zu entfalten. Abseits dessen, was manche Kirchen vermitteln und abseits von Vorurteilen, die auch nicht zuletzt durch das Verhalten mancher Christen weit verbreitet sind. Es geht um einen frischen und lebendigen Zugang, der in unsere Zeit passt. Bei der Entstehung haben mir meine langjährigen Freunde Matthias und Rainald sehr geholfen, dafür bin ich im besonderem Maße dankbar.

Kontakt zum Autor können Sie über *bohne@fingerdruck.de* aufnehmen.

Jochen Bohne, im November 2022

Dr. Jochen Bohne, Jahrgang 1962, lebt in Solingen und ist seit vielen Jahren in der evangelischen Kirche St. Reinoldi Rupelrath ehrenamtlich engagiert (www.rupelrath.de). Beruflich ist er in der Organisations- und Personalentwicklung tätig. Er hat verschiedene Kurzgeschichten mit christlichen Inhalten veröffentlicht sowie eine Übertragung des kompletten Lukas-Evangeliums in die heutige Zeit, zudem eine Sammlung von Bibelarbeiten und Predigten.

ISBN 978-3-7565-5035-7
9 783756 550357 00002
www.epubli.de